SPORTKARTEI

5.-10.

D. Garbrecht/J. Rode

BAND IV

LEICHTATHLETIK

ISBN 978-3-89291-**848-6**

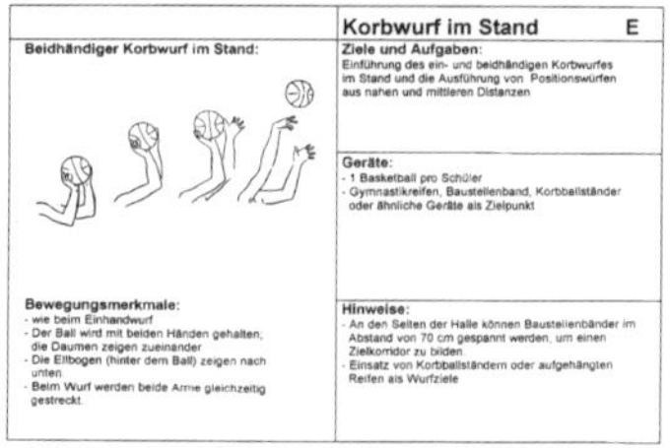

Korbwurf im Stand E

Beidhändiger Korbwurf im Stand:

Bewegungsmerkmale:
- wie beim Einhandwurf
- Der Ball wird mit beiden Händen gehalten; die Daumen zeigen zueinander
- Die Ellbogen (hinter dem Ball) zeigen nach unten
- Beim Wurf werden beide Arme gleichzeitig gestreckt

Ziele und Aufgaben:
Einführung des ein- und beidhändigen Korbwurfes im Stand und die Ausführung von Positionswürfen aus nahen und mittleren Distanzen

Geräte:
- 1 Basketball pro Schüler
- Gymnastikreifen, Baustellenband, Korbballständer oder ähnliche Geräte als Zielpunkt

Hinweise:
- An den Seiten der Halle können Baustellenbänder im Abstand von 70 cm gespannt werden, um einen Zielkorridor zu bilden
- Einsatz von Korbballständern oder aufgehängten Reifen als Wurfziele

Inhaltsübersicht:

Basketball

Nr. 844 *126 Seiten* € 15,90

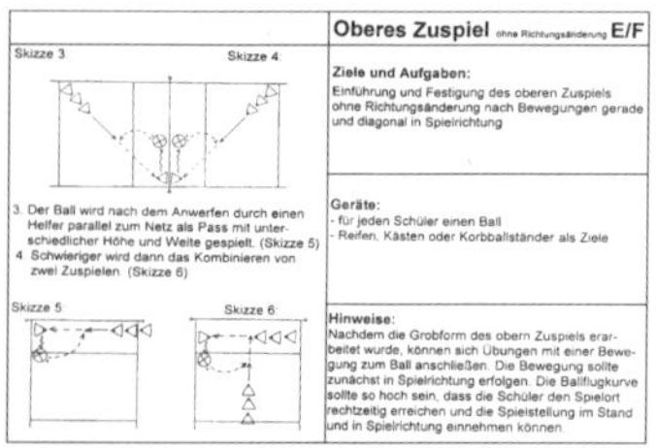

Oberes Zuspiel ohne Richtungsänderung **E/F**

Skizze 3 Skizze 4

3. Der Ball wird nach dem Anwerfen durch einen Helfer parallel zum Netz als Pass mit unterschiedlicher Höhe und Weite gespielt. (Skizze 5)
4. Schwieriger wird dann das Kombinieren von zwei Zuspielen. (Skizze 6)

Skizze 5 Skizze 6

Ziele und Aufgaben:
Einführung und Festigung des oberen Zuspiels ohne Richtungsänderung nach Bewegungen gerade und diagonal in Spielrichtung

Geräte:
- für jeden Schüler einen Ball
- Reifen, Kästen oder Korbballständer als Ziele

Hinweise:
Nachdem die Grobform des obern Zuspiels erarbeitet wurde, können sich Übungen mit einer Bewegung zum Ball anschließen. Die Bewegung sollte zunächst in Spielrichtung erfolgen. Die Ballflugkurve sollte so hoch sein, dass die Schüler den Spielort rechtzeitig erreichen und die Spielstellung im Stand und in Spielrichtung einnehmen können.

Inhaltsübersicht:

Volleyball

Nr. 845 *146 Seiten* € 17,90

pb verlag

Stand der Preise 2008 - Bitte beachten Sie unsere aktuelle Preisliste!

pb verlag

Vorwort

Die Sportkartei für die Klassen 5 - 10 besteht aus den folgenden Bänden:

Band I	Sportspiele Basketball
Band II	Sportspiele Handball
Band III	Sportspiele Volleyball
Band IV	Leichtathletik
Band V	Gerätturnen
Band VI	Gymnastik/Tanz
Band VII	Fitnessübungen

Im Band IV der Sportkartei werden Disziplinen und Übungen aus der Sportart Leichtathletik für den Sportunterricht der Klassen 5 bis 10 (und auch für den Freizeitsport der SchülerInnen) näher vorgestellt.

Diese Sportkartei bietet Vorschläge und Empfehlungen für die Gestaltung des Sportunterrichts der Sekundarstufe I in der Leichtathletik an. Sie geht von theoretischen Erkenntnissen der Sportwissenschaft aus und greift auf praktische Erfahrungen der Schulpraxis und der eigenen Lehrtätigkeit der Autoren zurück. Sie will den Sportlehrern und auch den Nichtfachlehrern Anregungen für die vielseitige, abwechslungsreiche, interessante, aber auch intensive Gestaltung des Sportunterrichts geben. Sie folgt den Vorgaben der unterschiedlichen Rahmenpläne. Die Anlage der Sportkartei verlangt vom Lehrer die Berücksichtigung des Ausbildungsstandes der Klassen und der Unterrichtsbedingungen der Schule. Sie möchte seinen schöpferischen Ideen keine Grenze sein.

Die Sportkartei Leichtathletik ist nach Disziplingruppen und Disziplinen bzw. leichtathletischen Bewegungsabläufen gegliedert. Es werden für die einzelnen Disziplinen/Bewegungsabläufe keine geschlossenen Lehrgänge angeboten, sondern es wird auf die sportpädagogische Arbeit an wesentlichen Strukturelementen orientiert.
Generell sind die einzelnen Abschnitte der Kartei wie folgt gegliedert:

- Technikbeschreibung
- Darstellung unseres Lehrweges
- Übungen zur Ausbildung und Festigung von strukturbestimmenden Technikelementen
- Übungen, Spiel- und Wettbewerbsformen zur Ausbildung von speziellen konditionellen Fähigkeiten
- Wettbewerbs- und Wettkampfformen

Die Quellen für die Übungs-, Spiel- und Wettbewerbsformen lassen sich nicht zurückverfolgen. Wir haben sie irgendwo gelesen, davon gehört, sie selbst mitgemacht oder manche (vielleicht) auch selbst erdacht und ausprobiert.

Die Karteikarten können einzeln aus dem Band entnommen und separat aufbewahrt werden. Entlang der Mittellinie gefaltet, lassen sie sich gut im Sportunterricht unmittelbar verwenden.

Die Autoren wünschen Ihnen bei der Arbeit mit der Sportkartei Leichtathletik viel Erfolg.

Inhaltsverzeichnis

III. Staffellauf	
Staffellauf	Wechseltechnik
Staffellauf	Varianten
Staffellauf	Spiele und Wettbewerbe I
Staffellauf	Spiele und Wettbewerbe II
IV. Hürdenlauf	
Hürdenlauf	Technik des Hürdenschritts
Hürdenlauf	Übungen zur Hürdenüberquerung
Hürdenlauf	Übungen zum Zwischenhürdenlauf
Hürdenlauf	Startübungen
Hürdenlauf	Kraft und Beweglichkeit
Hürdenlauf	Wettbewerbe
V. Ausdauerlauf	
Ausdauerlauf	Grundlagen
Ausdauerlauf	Aerobe Ausdauer
Ausdauerlauf	Anaerobe Ausdauer
Ausdauerlauf	Wettbewerbsformen I
Ausdauerlauf	Wettbewerbsformen II

VI. Orientierungslauf

Orientierungslauf	Einführung
Orientierungslauf	Übungen ohne Kompaß
Orientierungslauf	Kompaßübungen
Orientierungslauf	Übungen I
Orientierungslauf	Übungen II

VII. Weitsprung

Weitsprung	Technik
Weitsprung	Anlauf
Weitsprung	Absprung
Weitsprung	Landung
Weitsprung	Sprungkraft
Weitsprung	Wettbewerbe

VIII. Hochsprung

Wälzsprung	Technik
Wälzsprung	Absprung
Wälzsprung	Lattenüberquerung
Flop	Technik
Flop	Absprung
Flop	Lattenüberquerung
Hochsprung	Sprungkraft
Hochsprung	Wettbewerbe

IX. Stabhochsprung	
Stabhochsprung	Technik
Stabhochsprung	Anlauf
Stabhochsprung	Hang- und Pendelübungen
Stabhochsprung	Einstichübungen
Stabhochsprung	Drehung
Stabhochsprung	Wettbewerbe
X. Dreisprung	
Dreisprung	Technik
Dreisprung	Technikausbildung
XI. Kugelstoß	
Kugelstoß	Technik
Kugelstoß	Alternative Technik
Kugelstoß	Vorbereitende Übungen
Kugelstoß	Standstoß
Kugelstoß	Angleiten
Kugelstoß	Wettbewerbe

Notizen:

Funktion und Aufbau der Sportkartei Leichtathletik für die Klassen 5 bis 10

Der Unterrichtsgegenstand Leichtathletik stellt für die Schülerinnen und Schüler eine große Herausforderung dar, einerseits die Techniken des Laufens, Springens und Werfens beherrschen zu lernen und andererseits damit ihre Kräfte messen zu können.
Während in den Klassen 1 bis 4 der spielerische Umgang (Lernen und Leisten) mit den Grundformen des Laufens, Springens und Werfens dominiert, steht in den Klassen 5 bis 8 das ernsthaftere Bemühen um das Erlernen der Techniken der Disziplinen im Vordergrund und folgt anschließend in den Klassen 9 und 10 ihr beherrschtes Anwenden. Keinesfalls darf die Freude an der sportlichen Bewegung durch schematischen Drill zerstört werden. Wo immer es möglich ist, sollen Spiel- und Wettbewerbsformen den strengen Unterrichtsablauf auflockern helfen. Den Mädchen und Jungen soll bewußt sein, daß sportliches Tun Mühen auferlegt, aber gleichzeitig Freude bereiten kann. Diesem Gedanken verschreibt sich die vorliegende Sportkartei Leichtathletik.

Während sonst schulmethodische Leichtathletik-Literatur fast ausnahmslos dem Schema Technik-Lehrweise-Fehlererkennung-Fehlerbeseitigung folgt, wird in der vorliegenden Sportkartei Leichtathletik versucht, auf der Grundlage von Erkenntnissen zur Leistungsstruktur für jede Disziplin besondere Schwerpunkte zu setzen. Das betrifft sowohl die Ausbildung von technischen Schlüsselstellen der Bewegungsabläufe als auch die Herausbildung besonderer konditioneller Fähigkeiten.

Damit verbunden ist allerdings, daß mit der Kartei keine geschlossenen Disziplin-Lehrgänge angeboten werden. Dem Pädagogen obliegt es, unter Berücksichtigung des jeweils angetroffenen Ausbildungsstandes seiner Schüler seine Entscheidungen zu treffen. Dabei wollen ihm die Vorschläge der Sportkartei Leichtathletik Anregung und Hilfe bieten.
Die jeweils einführend vorgenommene Technikbeschreibung konzentriert sich schlagwortartig auf die dem Sportunterricht angemessene Grundform der Technik. Die dazugehörende Übungsreihung für die Technikausbildung basiert auf den Lehrerfahrungen der Autoren und verfolgt lediglich orientierende Absichten.
Das Übungsangbot für die jeweiligen Techniken/Disziplinen bezieht sich auf solche Elemente des Bewegungsablaufes, die für sein Gelingen bzw. für sein Beherrschen von entscheidender Bedeutung sind (z.B. Hürdenüberquerung, Anlaufgestaltung, Absprung, Abwurf, Verbindung von Anlauf und Abwurf). Die Übungssammlungen für die konditionelle Vervollkommnung sind unter den einzelnen Disziplinen immer auf die leistungsbestimmenden Fähigkeiten zugeschnitten (z.B. für den Sprintlauf Übungen zur Schulung von Frequenzfähigkeit, lokomotorischer Schnelligkeit, Sprintkraft, Schnelligkeitsausdauer). Diese Übungen werden an anderer Stelle, wo sie eigentlich auch zum Einsatz kommen müßten, nicht wiederholt. Wenn möglich und sinnvoll, werden Konditionsübungen auch in Spiel- und Wettbewerbsform angeboten. Bei Vorschlägen zur Belastungsgestaltung wird jeweils die zu erwartende Belastbarkeit der Schüler in den ontogenetischen Entwicklungsabschnitten berücksichtigt.
Für jede Disziplin werden Wettbewerbe vorgeschlagen. Immer enthalten sind "Technikwettkämpfe", in denen beim Schüler die Qualität von Technikelementen anhand dreistufiger Merkmale eingeschätzt werden kann. Bei Leistungsvergleichen ist immer auch eine "Relativwertung" möglich - alle Schüler sollen angesprochen sein. Für die Erleichterung der Auswertung von Mehrkämpfen bieten sich Computer-Programme (sehr einfache) in GW-Basic an, die man nach eigenem Gutdünken ausgestalten kann.

I. Sprint

Technik

Frequenzübungen I

Frequenzübungen II

Maximale Schnelligkeit I

Maximale Schnelligkeit II

Spielformen

Sprintkraft

Schnelligkeitsausdauer (SA)

Beweglichkeit

Sprintwettbewerbe I

Sprintwettbewerbe II

Notizen:

Sprint - Technik

Lernziel

Vermittlung anwendungsbereiter Grundkenntnisse zum Bewegungsablauf des Sprints; Setzen von Schwerpunkten für die technische Ausbildung

Vorbemerkungen

Der Laufschritt gliedert sich in vier Phasen:
- Hintere Stützphase: bewirkt die Größe und die Richtung des Abdruckes und bestimmt damit den Vortrieb
- Hintere Schwungphase: dient der Entspannung nach dem Abdruck, der Bildung eines kurzen Beinpendels und der Vorbereitung des Kniehubs
- Vordere Schwungphase: dient der Vorbereitung eines zweckmäßigen Fußaufsatzes und beeinflußt die Schrittlänge
- Vordere Stützphase: ist durch geringe Bremswirkung und durch aktive Überwindung des Vertikalmomentes gekennzeichnet

Übungsreihe zur technischen Ausbildung

1. **Traben** - Erfassen der Gesamtbewegung bei niedrigem Tempo und größter Lockerheit
2. **Steigerungslauf submaximal** - Entwickeln des Beschleunigungslaufes bei erhöhter Laufgeschwindigkeit und des Steuerns von Schrittlänge und -frequenz
3. **Tempolauf submaximal** - Entwickeln des lockeren Sprintlaufes bei gleichmäßig hohem Tempo
4. **Steigerungslauf maximal** - Entwickeln des Beschleunigungslaufes bei höchstem Tempo
5. **Tempolauf maximal** - Vervollkommnen der Sprintfertigkeit bei höchstem Lauftempo

Methodisch-organisatorische Hinweise

- gut erwärmt üben, aber nicht ermüdet sein
- beim Üben voll konzentriert sein
- Technikübungen zuerst langsam, später mit immer höherer Geschwindigkeit ausführen, dafür den Steigerungslauf nutzen
- frühzeitig auf individuelle Besonderheiten der Schüler einwirken
- die Schüler immer nur wenige Informationen gleichzeitig beachten lassen

Hintere Stützphase	**Hint. Schwungphase**	**Vord. Schwungphase**	**Vordere Stützphase**

- vollständige Streckung in Fuß-, Knie und Hüftgelenk - nahezu aufrechte Körperhaltung (85°) - aktive Arbeit der gebeugten Arme in Laufrichtung - entspannte Muskulatur in Rumpf, Schultern, Armen, Hals - Kopfhaltung achsengerecht	- lockeres Auspendeln des Unterschenkels in Richtung Gesäß - Anfersen zur Pendelverkürzung - stärkstes Anfersen dann, wenn das Knie des Schwungbeines das Stützbein überholt	- aktiver, schneller Kniehub mit geschlossenem Kniewinkel bis ca. 15° unterhalb der Waagerechten - Rücksenken des Oberschenkels und optimales Vorpendeln des Unterschenkels - Rückpendeln des Unterschenkels zum aktiv greifenden Fußaufsatz	- hoher, geradliniger Fußaufsatz auf dem Ballen - Zugbewegung des Beines zur schnellen Bewegung der Hüfte über den Stütz hinweg - leichtes Nachgeben im Bein zum elastischen Abfangen - Ferse senkt sich ohne Bodenkontakt - kurze Stützzeit

Dabei ist zu beachten, daß diese Übungen
- in ausgeruhtem, aber gut erwärmtem Zustand und bei voller Konzentration erfolgen,
- nur über einen sehr kurzen Zeitraum (bis 5 s) bzw. über sehr kurze Strecken max. schnell ausgeführt werden können,
- erst nach ausreichender Erholung erneut begonnen werden (ca. 1-2 min),
- mit einem Gesamtumfang von höchstens 4-5 Durchgängen bei 2-3 verschiedenen Übungen angesetzt werden sollten,
- unter vom Schüler selbst bestimmter allmählicher Frequenzsteigerung von niedrig bis zum kontrollierbaren Maximum erfolgen,
- stets mit ca. 10 Schritten „freiem“ Sprintlauf beendet werden,
- unter Beachtung von Qualität und Genauigkeit der Bewegungsausführung ablaufen,
- eine entsprechend hochfrequente Bewegung der Arme verlangen,
- zweckmäßigerweise durch Konzentrationsübungen vor der Ausführung mental vorweggenommen werden sollten.

Sprint - Frequenzübungen I

Lernziel

Befähigung zur schnellen und dabei kontrollierten Ausführung von Laufbewegungen in dichter Folge

Sportanlagen und Geräte

Hallenboden - Laufschuhe
Rasenfläche - barfuß
Laufbahn - Spikes

Markierer (Kegel, Eckfahnen, Stangen)
Skizze - siehe Freqenzübungen II

Methodisch-organisatorische Hinweise

Schwerpunkte für die Klassenstufen

5/6: technisch einwandfreie Bewegungsausführung, Bewegungsvielfalt, Spiel- und Wettbewerbsformen

7/8: Konzentration auf die Aufgabenstellung, höchste Frequenzen anstreben

9/10: Frequenzentwicklung kann mit Streckkraftschulung verbunden werden, hochkonzentriertes Arbeiten verlangen

Geeignete Übungen zur Entwicklung der Frequenzfähigkeit sind unter anderem:
Fußgelenkarbeit (Harmonie von Arm- und Beinarbeit, Ballenaufsatz, flüchtiger Bodenkontakt der Ferse, völlig gestrecktes Kniegelenk, geringes Abheben vom Boden, „hohe" Hüfte, ohne Flugphase) - Abb. links

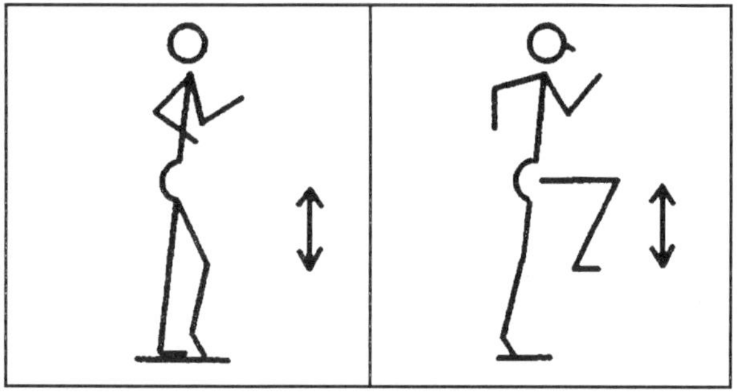

Kniehebelauf (energischer Einsatz der angewinkelten Arme, schnelles Hochreißen des Oberschenkels in die Waagerechte und dabei aktive Abwärtsbewegung des freien Beines, Ballenaufsatz, „hohe" Hüfte, leichte Körpervorlage) - zu hohes Knie mindert die Frequenz - Abb. rechts

Kniehebelauf im Schrägstütz

Spreizschrittlaufen vorwärts (mit gestreckten Knie- und Fußgelenken bei geringer Körperrücklage, Vor-hoch-Pendeln des Unterschenkels, Anheben des Fußes und aktives Senken des Unterschenkels zum Bodenfassen auf dem Ballen, Vortrieb) - Abb. links

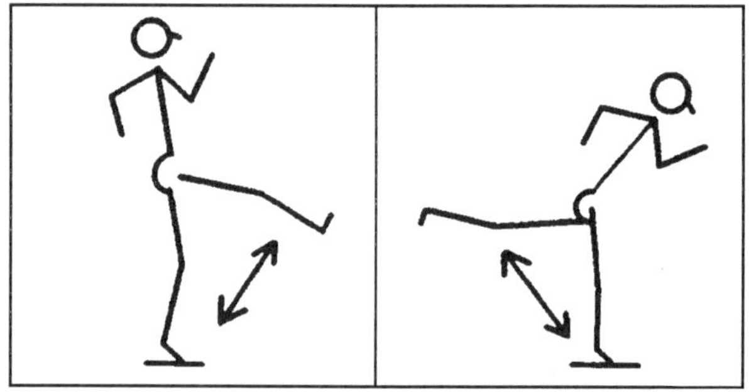

Spreizschrittlaufen rückwärts (mit gestreckten, nach hinten-oben schwingenden Beinen bei möglichst geringer Körpervorlage, Ballenaufsatz, Vortrieb) - Abb. rechts

Hüpfen beidbeinig am Ort mit Beinwechsel (leichte Schrittstellung - ca. eine Fußlänge: Abdruck aus den Fußgelenken, Ballenlandung, Fersen berühren nicht den Boden, „hohe“ Hüfte, geringe Treibhöhe, schneller Schrittwechsel)

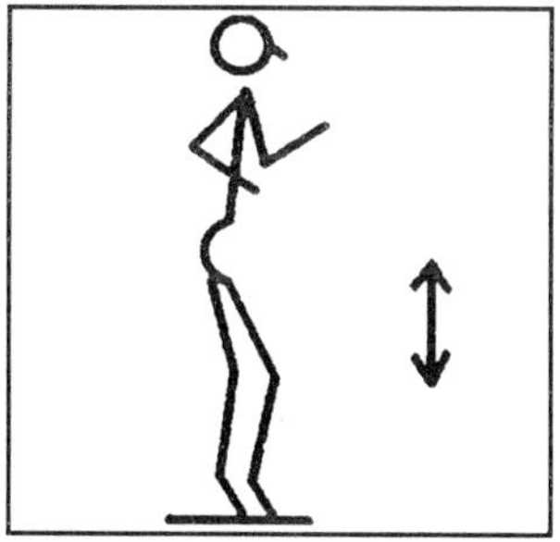

Tretlauf am Ort (Ballenlauf, geringes Abheben der Füße, „hohe“ Hüfte, schnelles widergleiches Mitbewegen der gebeugten Arme, aufrechte Körperhaltung)

Fußtapping (Sitz auf einem Stuhl: schnelles wechselseitiges Abheben der gebeugten Beine mit geringer Hubhöhe)

„Radfahren“ (Rückenlage: wechselseitiges schnelles Beugen und Strecken der Beine)

Sprint - Frequenzübungen II

Lernziel

Befähigung zu schneller und dabei kontrollierter Ausführung von Laufübungen in dichter Folge

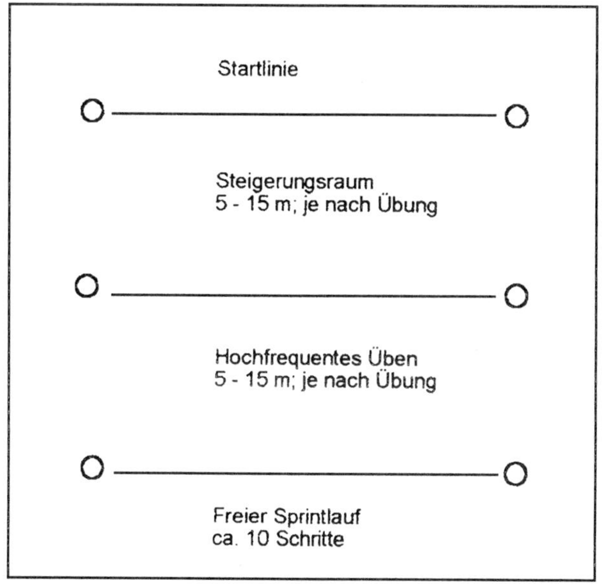

Anfersen (schnelles Hochschlagen des Unterschenkels zum Gesäß, Knie zeigt senkrecht nach unten, Ballenaufsatz, Ferse bleibt ohne Bodenkontakt, „hohe“ Hüfte, schnelles widergleiches Mitbewegen der gebeugten Arme)

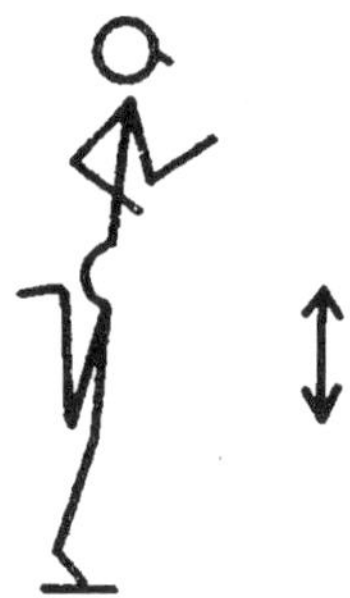

Wechsel von Kniehebelauf und Anfersen

Verbindung von Kniehebelauf und Anfersen (koordinativ und konditionell sehr anspruchsvoll)

Seitwärtslaufen als Kniehebelauf

Rückwärtslaufen als Kniehebelauf

Kreuzschrittlaufen (ohne und mit kräftigem Kniehub beim Kreuzen vorn, energischer Armeinsatz als Ausgleich zur Verwringung im Rumpf, Ballenlauf)

Kniehebelauf schräg vorwärts über kniehohe Hürden (leichtes Überkreuzen der Beine, Ballenlauf, Vorlage beibehalten, „hohe“ Hüfte)

Lauf aus dem Hochstart ohne Startkommando mit Zeitnahme über 15, 20, 25, 30 m, wobei einzeln gelaufen wird, der Schüler selbständig abläuft und die Zeitnahme bei der ersten Be-wegung des hinteren Beines beginnt (s.u.). Es ist zweckmäßig, wie beim fliegenden Lauf für die Zeitnahme Fluchtstangen zu verwenden (vgl. umseitige Abbildung).

Maximale Schnelligkeit I

Lernziel

Befähigung zum Laufen mit höchster Geschwindigkeit als Resultat von optimaler Bewegungsfrequenz und Schrittlänge

Sportanlagen und Geräte

- Laufbahn, Rasenflächen, Hallenboden
- leicht fallende/steigende Flächen
- Markierungen: wie Kreidelinien, Malstangen, Kegel
- Stoppuhr

Methodisch-organisatorische Hinweise

- häufiges Üben des schnellen Laufens
- gute Erwärmung, aber frisch sein
- volle Konzentration und höchster Einsatz
- Laufstrecken 20 m (5. Kl.) bis 40 m
- Gesamtstreckenlänge je Unterrichtstunde zwischen ca. 100 m (5.Kl.) und ca. 200 m
- Länge der Pausen zwischen den Läufen je 10 m Laufstrecke 2 min (40 m = 8 min)
- Verbindung des Sprintens mit dem Starten und dem Staffellaufen; Wettbewerbe

Steigerungslauf bis zur Höchstgeschwindigkeit, dabei ca. 30 bis 50m mit allmählicher Temposteigerung anlaufen bis zum Erreichen der höchstmöglichen Geschwindigkeit, diese über eine abgesteckte Strecke (5m, 10m, 15m) halten, danach „ausrollen" lassen - unbedingt auf technisch „sauberes" Sprinten achten!

Tempowechsellauf, dabei die flüssigen Übergänge zwischen der ansteigenden, der hohen und der absinkenden Geschwindigkeit beachten; 2 bis 3 Tempospitzen von 4 bis 6 maximal schnellen Schritten erreichen - Gesamtlänge ca. 80 bis 100m

Steigerungslauf bzw. Tempowechsellauf bergab (das Gefälle sollte pro 100m nicht mehr als 2-3m betragen) **oder mit Rückenwind** als sogenannte Unterstützungsläufe entsprechend den Hinweisen oben. Der Fußaufsatz darf nicht bremsend (über die Ferse) erfolgen. Auf deutlichen Kniehub ist zu achten.

Fliegender Sprint über 10, 15, 20, 25, 30m nach einem Steigerungsanlauf von ca. 20 bis 40m mit Zeitnahme auf der Geraden oder in der Kurve oder nach Anlauf durch die Kurve auf der Geraden

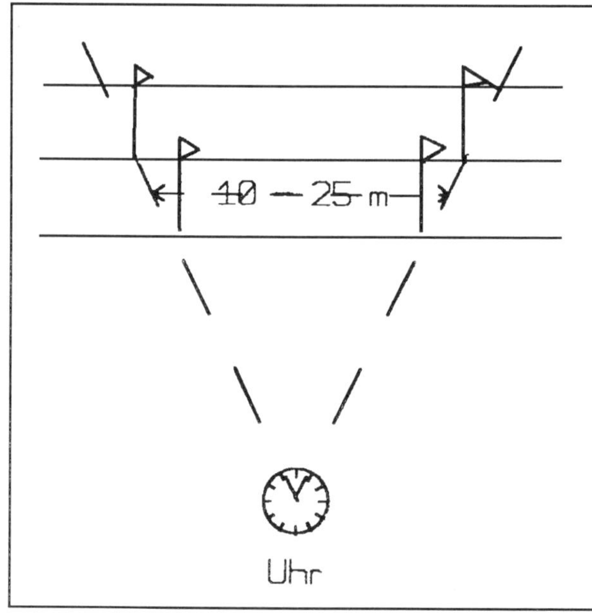

Die Verwendung von Fluchtstangen ermöglicht eine genauere Zeitnahme ohne zusätzliche Helfer.

Jagdrennen
Zwei oder mehr Mannschaften nehmen wie unten skizziert Aufstellung. Jeweils ein Mitspieler ist als Jäger bei einer der gegnerischen Mannschaften. Nach dem Startkommando laufen die Mannschaften um die Male. Die Jäger starten mit Abstand und versuchen, einen Läufer der gegnerischen Mannschaft so schnell wie möglich einzuholen und abzuschlagen. Derjenige Jäger, der zuerst erfolgreich ist, erhält für seine Mannschaft einen Punkt. Zum nächsten Start werden die Jäger gewechselt.

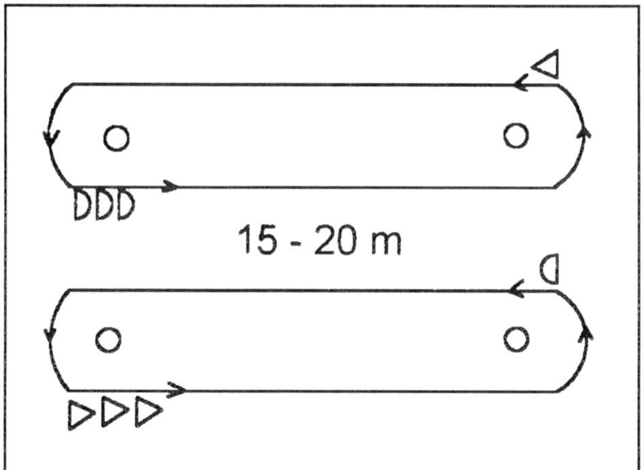

Maximale Schnelligkeit II
Spielformen

Lernziel
Befähigung zum schnellen Laufen unter Einhaltung von Regeln und bei Erfüllung taktischer Aufgaben

Sportanlagen und Geräte
- Laufbahn, Rasenflächen, Hallenboden
- Markierungen wie Bänder, Seile, Linien, Malstangen, Hürden, Kegel

Methodisch-organisatorische Hinweise
- Laufspiele erfordern gute Erwärmung.
- Laufstrecken nicht zu lang festlegen
- ca. 15 bis 20 min spielen; je Lauf ca. 2 min Erholung sichern

Literatur

- Döbler, E. und H.: Kleine Spiele. Berlin 1982
- Löscher, A.: Kleine Spiele für viele. Berlin 1989
- Medler, M.: Leichtathletik Spiel- und Wettspielformen. Neumünster 1988

Ziehharmonika

Die Läufer starten von der Grundlinie zur ersten Linie, laufen zurück zur Grundlinie, laufen zur zweiten Linie usw. Es geht um schnelles Laufen und Wenden einzeln, paarweise, in Gruppen. Die Anlaufreihenfolge für die Linien kann variiert werden. Der Sieger wird durch Zeitnahme oder Platzpunktwertung ermittelt.

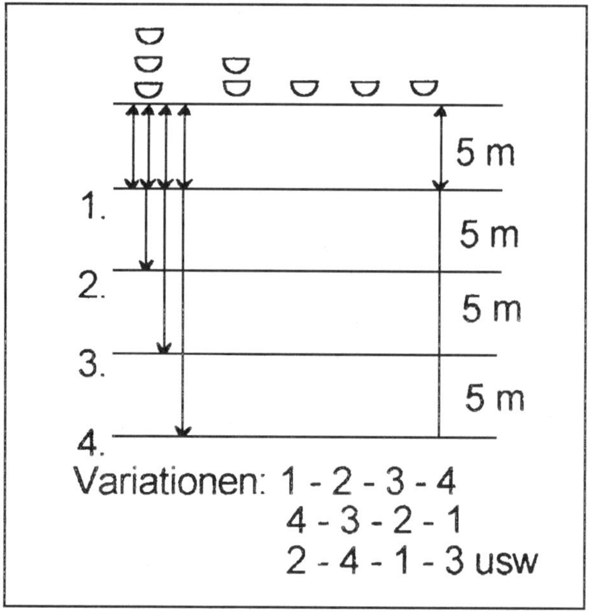

Abfangen

Läufer und Fänger stehen sich hinter den Grundlinien eines Spielfeldes (15x15 m bis 15x25 m) gegenüber. Etwa 5m vor dem Fänger liegt im Spielfeld ein Medizinball. Auf Kommando (bzw. Zeichen des Fängers) starten die Läufer zur Gegenseite, der Fänger zum Ball.
Der Fänger nimmt den Ball auf und versucht, damit einen oder mehrere Läufer durch Berühren abzufangen. Abgefangene Läufer werden zu Fängern. Die letzten Läufer sind Sieger und erhalten Siegpunkte.

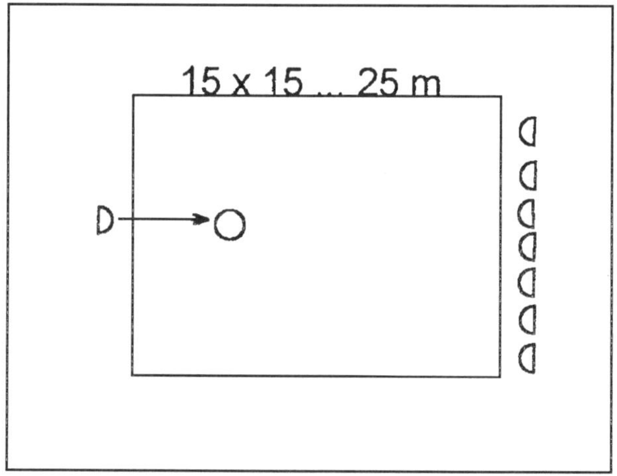

- langes Halten der Schrittstellung (Sprungbein bleibt lange hinter dem Körper zurück)
- aktives, greifend-schlagendes Aufsetzen des Schwungbeinfußes zum erneuten Absprung
- energischer, widergleicher Armeinsatz mit gebeugten Ellenbogen

Lorenschieben, Schiebe- bzw. Ziehkampf
- einen Partner/Kasten im Tretlauf vor sich herschieben, dabei schnelle Schritte, Kniehub vorn, vollständige Beinstreckung hinten, Körperstreckung
- Ziehkampf mit Sprungseilen um Hüfte-Bauch beider Partner (genügend Abstand); Tretlauf gegeneinander, Ausführung s.o.

Sprintkraft

Lernziel
Ausbildung der Beinstreckkraft mit Hilfe von Übungen, die der Struktur des Laufschritts entsprechen (aktiver Fußaufsatz, kurze Stützzeit)

Sportanlagen und Geräte
- Laufbahn, Rasenflächen, Hallenboden, Waldwege (auch mit leichtem Anstieg), Sandgrube
- Markierungen wie Linien, Bänder, Seile, Malstangen, Kegel, Hürden

Methodisch-organisatorische Hinweise
- Schnellkraftübungen erfordern eine gute Erwärmung, hohe Intensität, kurze Übungszeiten, ausreichende Pausen.
- Sie bewirken zuerst eine verbesserte intermuskuläre Koordination (auf einwandfreie Ausführung achten), später erst eine unmittelbare Kraftzunahme
- Übungsumfang: 6-8 Serien über 10-25 m oder 8-12 Wiederholungen; schnell auszuführen mit ca. 2 min Pause zwischen den Serien

Lauf-ABC-Übungen (vgl. Karte 2)
- Federndes Laufen auf den Fußballen
- Fußgelenkarbeit flach / hoch
- Kniehebelauf hoch / überhoch
- Hopserlauf flach / weit / hoch / diagonal
- Wechselhüpfer, -sprünge flach / weit / hoch
- Sprunglauf weit / hoch / bergan
- Überkreuzlaufen
- Einbeinhüpfer, Einbeinsprünge
- Hop-step-Sprünge (re-re-li-li-..)
- Dreierhopfolge (re-re-re-li-li-li-..)

Hopserlauf (Abb. links)
- Sprungbein vollständig strecken, vollständige Körperstreckung
- Schwungelemente im Flug fixieren
- Fußspitze des Schwungbeines hochziehen
- aktives, greifend-schlagendes Aufsetzen des Schwungbeinfußes auf der ganzen Sohle zum erneuten Absprung

Wechselsprünge (Abb. rechts)
- vollständige Fuß-, Knie-, Hüftstreckung beim Absprung
- Anheben eines Beines mit Kniebeugung und Anziehen des Fußes sowie anschließendem Senken zum gestreckten Bein
- beidbeinige, parallele Ballenlandung
- widergleiche Armarbeit bei gleichbleibender Beugung im Ellenbogen

Sprunglauf
- vollständige Streckung im Sprungbein, aufrechter Rumpf
- betonter Einsatz des gebeugten Schwungbeines bis zur Waagerechten mit angezogener Fußspitze

Laufintensive Sportspiele wie Basketball, Fußball, Handball, Hockey

Brennball

Laufübungen

- Steigerungsläufe auf der Geraden, über die Sportplatzdiagonale, durch die Kurve mit ca. 30 bis 50 m Sprintlauf in hohem Tempo (ca. 90-95%) und mit lohnender Pause (2-5 min)
- Tempoläufe über 60 bis 200 m in hohem Tempo (ca. 85-90%), lohnende Pause
- Berganläufe über 30-60 m, submaximaler Krafteinsatz, lohnende Pause
- Treppenläufe über ca. 40-60 Stufen, submaximaler Krafteinsatz, lohnende Pause
- Dreiecks-(40-60m Kantenlänge) u. Viereckslauf (30-50m Kantenlänge) als Endlosstaffel (3-5 Durchgänge; 5-8 Schüler je Staffel)
- Dreierlauf auf der 400-m-Bahn (am Start sind 2 Schüler, an der 200-m-Marke 1 Schüler. Läufer 1 läuft 200m, wird von Läufer 2 abgelöst, dieser übergibt am Start an Läufer 3 usw.).

Dauer 10 bis 15 min; Pausenlänge=Dauer des Laufens der beiden anderen Läufer

Schnelligkeitsausdauer (SA)

Lernziel

Ausbildung der Fähigkeit, hohe (höchste) Geschwindigkeiten über eine möglichst lange (Sprint-)Strecke beibehalten zu können

Sportanlagen und Geräte

- Laufbahn, Rasenflächen, Hallenboden, Park- und Waldwege
- Markierungen wie Linien, Malstangen, Kegel

Methodisch-organisatorische Hinweise

- SA ist an anaerob-laktazide Stoffwechselvorgänge gebunden und setzt eine ausgeprägte Grundlagenausdauer voraus.
- Sie ist aus physiologischer Sicht erst mit Einsetzen der Pubertät entwickelbar und sollte zunächst spielerisch, später dann durch entsprechende Laufbelastungen geschehen.
- geeignete Belastungmethoden: Wiederholungs- und intensive Intervallmethode
- Umfang: bis 4 mal über 100-200% der Sprintstrecke in hohem Tempo und mit langer Pause

Laufspiele wie
Jagd nach dem Staffelstab
In die Sprunggrube (aufgelockert) werden je nach vorhandenem Platz Staffelstäbe gesteckt (weniger als die Anzahl der Übenden). Nach Anlauf von 20 bis 50 m sollen die Schüler einen Stab erobern. (Üben in Gruppen von gleichschnellen Schülern; wer hat nach 4,5,6 Läufen die meisten Stäbe in seinen Besitz gebracht?)

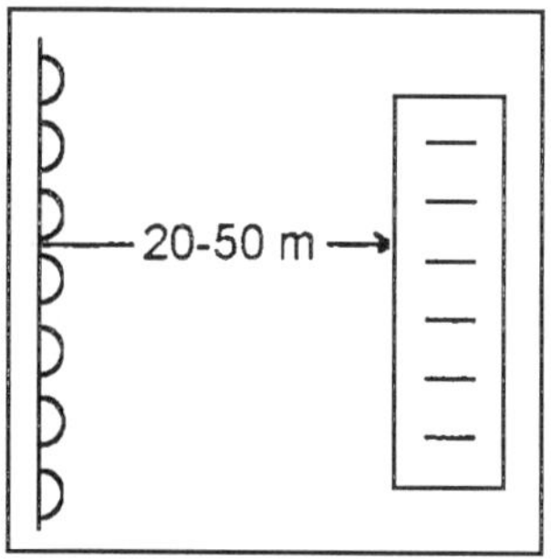

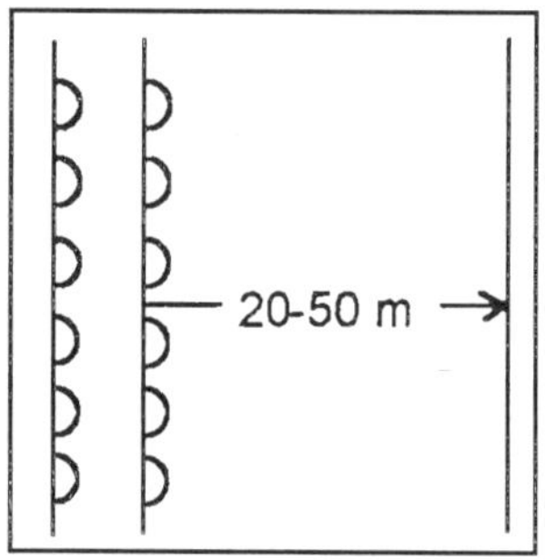

Verfolgungsrennen
Gleichschnelle Schüler nehmen zu zweit im Abstand von 2m hintereinander Aufstellung, starten auf Kommando und versuchen, nach einer Laufstrecke von 20-50 m zuerst am Ziel zu sein (Wechsel Vorder-/ Hintermann, Variationen der Ausgangsstellungen, 6 bis 8 Läufe)

Schneller als der Ball
Schüler einer Gruppe sind um ein Spielfeld von 20 bis 25m Seitenlänge verteilt. Sie werfen sich einen Ball möglichst schnell zu (niemand wird ausgelassen!), um damit eher am Ziel zu sein als die Schüler der anderen Gruppe, die das Spielfeld umlaufen. Die zweite Gruppe ist in 3 oder 4 Untergruppen geteilt (Wechsel der Aufgabe, 4-6 Wiederholungen)

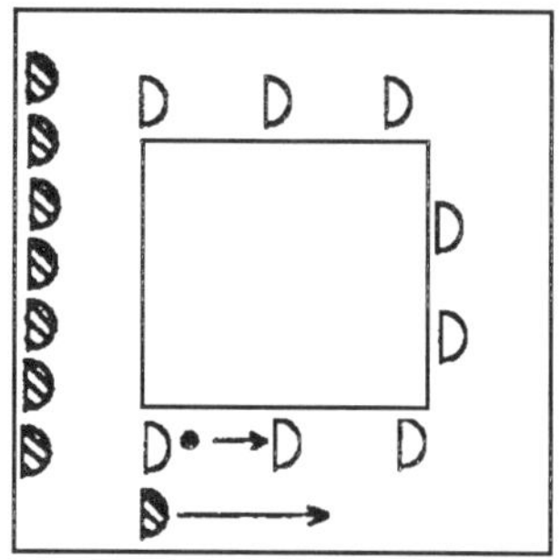

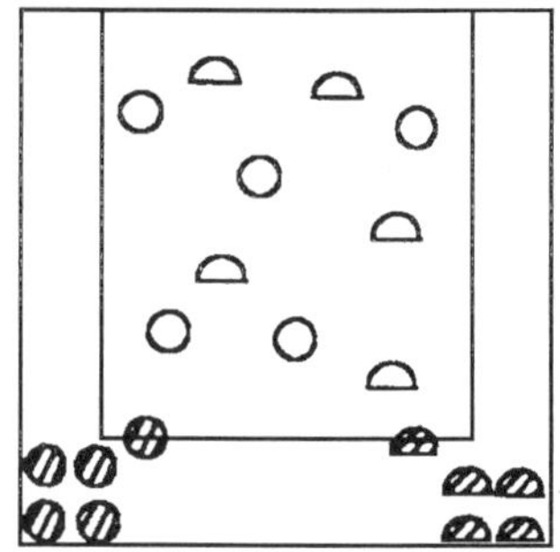

Fangstaffel
Zwei Gruppen bewegen sich in einem Spielfeld von ca. 20x30 m. Zwei andere Gruppen stehen außerhalb des Spielfeldes. Auf Kommando läuft der 1. Läufer der Außengruppen ins Feld, schlägt einen Schüler ab und gibt draußen das Schlagrecht an den 2. Läufer weiter usw.

Stretching

- **Absitzen** zwischen die Füße bei im Kniestand gegrätschten Beinen

- **Senken** des **Gesäßes** im Hockstand auf die Fersen, diese haben Bodenkontakt

- **Heranziehen** des **Unterschenkels** (Ferse) mit beiden Händen ans Gesäß

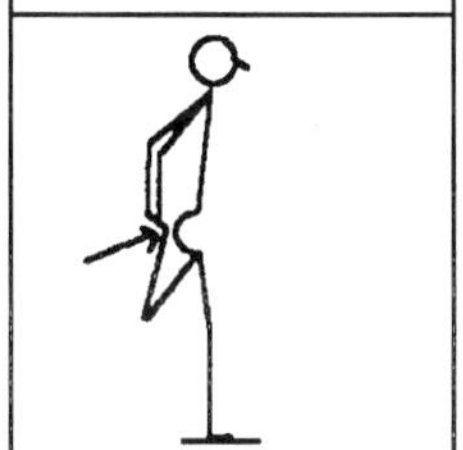

- **Heranziehen** der Hüfte an die Ferse des aufgestellten Fußes (Hürde, Geländer)

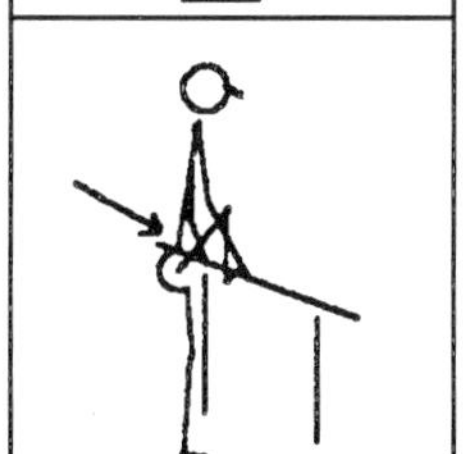

Beweglichkeit

Lernziel
Erhalt der natürlichen Beweglichkeit (Bewegungsspiel in den Gelenken, Elastizität von Sehnen und Bändern, Dehnbarkeit der Muskulatur)

Sportanlagen und Geräte
Hallenboden, Rasenfläche, Bodenmatten, Turngeräte bzw. Sportplatzgeländer zum Festhalten

Methodisch- organisatorische Hinweise
- Übungen für Hüft- und Fußgelenke, Oberschenkel- und Wadenmuskulatur, auch Schultergürtel häufig durchführen
- aktive Dehnung bevorzugen bei erwärmter und nicht ermüdeter Muskulatur
- hohe Wiederholungszahlen sind erforderlich; ca. 30-40 Wiederholungen je Übung (z.B. 4-5 mal 6-8 Wiederholungen mit kurzen Pausen)
- für Jugendliche: beim ´Stretching´ ca. 30 sec. dehnen und dabei von Zeit zu Zeit die Dehnung weiterführen; dabei den abnehmenden ´Muskelschmerz´ beachten

Hüftgelenke, Oberschenkelmuskulatur

- *Schwingen* eines Beines im Stand (Seit-,Vor-,Rück-) mit Halt an Geräten

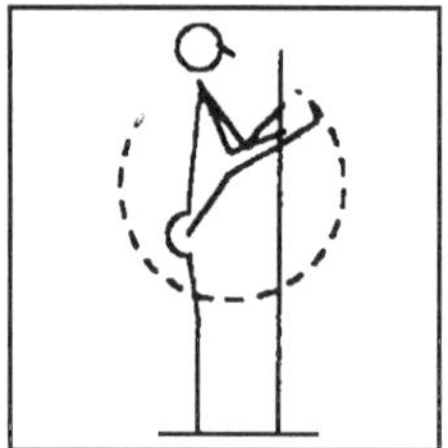

- *Spreizen* beider Beine im Nackenstand (wechselseitig Vor- und Rückspreizen)

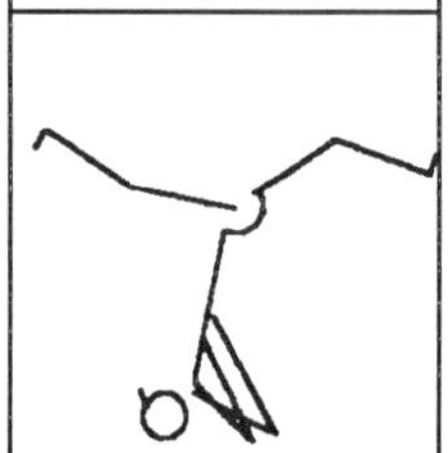

- *Anreißen* der Oberschenkel im Stand und in der Bewegung

- in den weiten *Grätschstand* springen aus dem Liegestütz und zurück

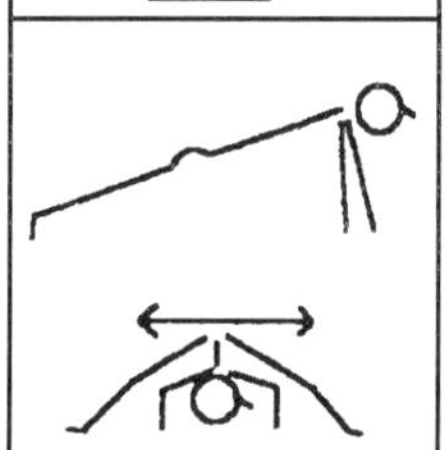

Fußgelenke, Wadenmuskulatur

- *Senken und Heben* des Körpers aus dem Kniestand in den Sitz auf den Füßen (Fußrist liegt auf)

- *Strecken und Beugen* der Füße im Sitz

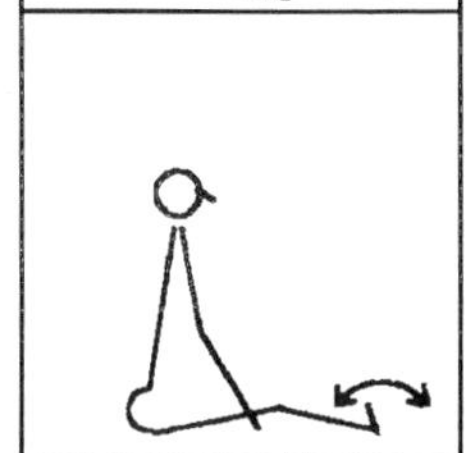

- *Fußwippen* (Fußspitzen stehen höher als die Fersen) bis zur völligen Fußstreckung

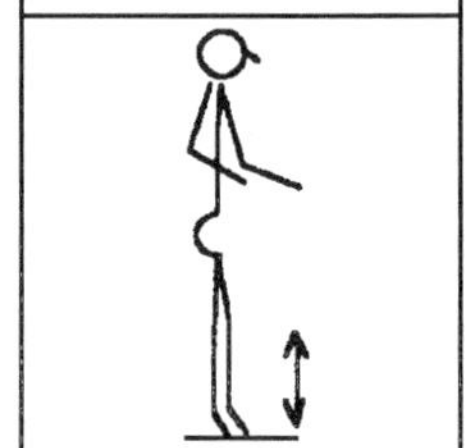

- im Ausfallschritt *Senken* der Ferse des hinteren Beines zum Boden; Beinwechsel

Technikwettkampf
Die Schüler, 4 bis 6 Gruppen, laufen einzeln mehrmals in submaximalem Tempo eine Strecke von ca. 20-25 m. Eine Jury aus 4-6 Schülern (je Gruppe einer) bewertet die Qualität von vorgegebenen Bewegungsmerkmalen in einer Dreierskala (s.u.). Das betr. Jurymitglied wertet nicht, wenn ein Schüler der eigenen Gruppe läuft; es läuft jedoch selbst mit.

MERKMAL	gut (3)	mittel (2)	schlecht (1)
Schrittfrequenz	hoch	mittelmäßig	niedrig
Schrittlänge	groß	mittellang	kurz
Fußaufsatz	Ballen	Fußmitte	ganze Sohle
Kniehub	stark	mäßig	kaum
Auspendeln	zum Gesäß	z. Waager.	gering
Kopf-, Rumpfhaltung Armführung	ruhig parallel	wenig Unruhe	unruhig quer

Wer/welche Gruppe erhält die meisten Punkte?

Sprintwettbewerbe I

Lernziel
Anwendung verschiedener Formen der Sprintfähigkeit in alternativen Wettkampfformen und weitere Schulung des schnellen Laufens

Sportanlagen und Geräte
- Laufbahn, Spielfeld, Rasenflächen, Park- und Waldwege
- Markierungen wie Linien, Malstangen, Kegel

Methodisch-organisatorische Hinweise
- zur Auflockerung der starren standardisierten Wettkampfformen vielfältige alternative Wettkämpfe als Mannschafts- und Einzelwettbewerbe pflegen
- die Wettkampfidee so gestalten, daß sowohl die absolute als auch die relative Leistung honoriert werden
- vor Wettbewerben stets gut erwärmen; Wettkämpfe niemals schon ermüdet beginnen
- nur einfache und sicher beherrschte Bewegungsabläufe wettkampfmäßig ausführen lassen

Jagd auf den Hausrekord
(Schnelligkeit, Schnelligkeitsausdauer)
Bezugsgröße ist die persönliche Bestleistung über 60 m / 75 m / 100 m. Die jeweilige Sprintstrecke wird in Teilstrecken zerlegt; z.B.
60 m: 3x20 m, 2 x 30m, 20 m + 40 m
75 m: 3x25 m, 20m + 25m + 30m, 25 m + 50 m
100 m: 5x20m, 4x25 m, 20 m + 2x40m, 40 m + 3x 20 m, 40 m + 2x30 m, 20m + 30m + 50 m 2x 50 m, 40m + 60m
Die jeweils erste Teilstrecke wird aus dem Tief- oder Hochstart, die anderen fliegend zurückgelegt bzw. alle Teilstrecken werden fliegend gelaufen. Nach Addition der Einzelzeiten wird mit der betreffenden persönlichen Bestzeit verglichen.
Wer unterbietet seine Bestleistung am deutlichsten? (Einzel- und Mannschaftswertung)

Vorgaberennen
(Schnelligkeit, Schnelligkeitsausdauer) - Abb. links
Bezugsgröße ist die persönliche Bestleistung über 60m / 75m / 100 m. Gelaufen wird 2-5 x über die Hälfte der betr. Distanz. Die Startplätze werden entsprechend der erreichten Bestleistungen für die Teilnehmer eines Laufes mit Vorgaben versehen. (Laufstreckenverkürzung um jeweils 0,75 m für eine um 2/10 sec. langsamere Laufzeit)
Wer erreicht die Ziellinie zuerst?

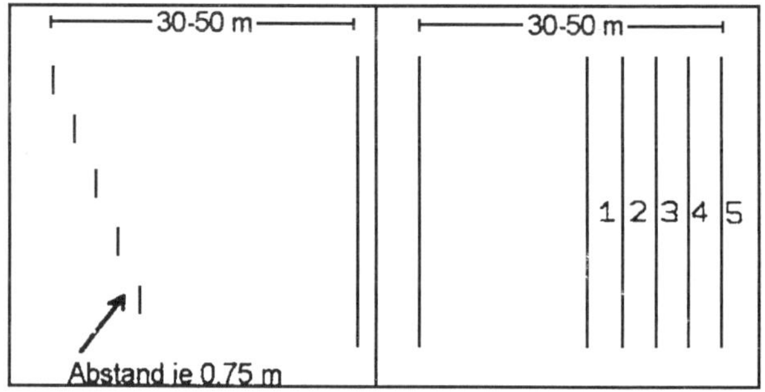

Zonenlaufen
(Schnelligkeit, Schnelligkeitsausdauer) - Abb. re.
Eine Strecke von 60m wird ab 40 m in 5-m-Zonen unterteilt. Alle Schüler starten gemeinsam. Je nach Alter bzw. Leistungsvermögen sollen sie über eine festgesetzte Zeit (z.B. 12-9 sec.) maximal schnell laufen und dabei eine möglichst weit entfernte Zone erreichen, wofür Punkte vergeben werden. Die vorgegebene Zeit wird abgepfiffen.
Wer / welche Gruppe erreicht nach mehreren Läufen (3-6) die höchste Punktzahl?

Zeitgenauigkeitsläufe
(Schnelligkeitsausdauer)
Die Schüler laufen in Dreiergruppen je nach Alter mehrmals Strecken von 50m/60m/75m 100m/120m/150m (Gerade, Kurve); z.B.
Kl. 5-7 4 - 3x 50-75m = ca. 200m,
Kl. 8-10 5 - 3x 60-150m = 300-500m,
Pausenlänge ca. 3-5min.
Die zu laufenden Zeiten werden vorgegeben und sollten von den Gruppen mit 80-90% des maximalen Tempos gelaufen werden können. D.h. die Vorgaben erfolgen je nach Alter und Leistungsfähigkeit differenziert; z.B.
Kl. 6 50m = 9-12 sec./60m = 11-14 sec./
75m = 14-19 sec.
Kl.9 60m = 9-12 sec./100m = 15-20 sec./
150m = 24-30 sec.
Die Schüler können auch selbst Vorgabezeiten für den einen oder anderen Lauf bestimmen.
Ziel ist es, die vorgegebenen Zeiten möglichst genau zu erreichen.
Welche Gruppe hat aus allen Läufen die geringste Abweichung (gleichgültig, ob nach oben oder unten)?

Sprintwettbewerbe II

Lernziel
Sportanlagen und Geräte
Methodisch-organisatorische Hinweise
siehe Sprintwettbewerbe I

Wettsprunglauf
(Streckkraft, Kraftausdauer)
Gruppen von gleichschnellen Schülern tragen innerhalb ihrer Gruppen Wettbewerbe im Sprunglauf aus:

A. Sprunglauf über 20-40 m (je nach Alter) auf Zeit
 3-5 Wiederholungen, 2-3 min Pause
 Wer erzielt die geringste Gesamtzeit?
B. Sprunglauf über 20- 40m auf Platz (s.o.)
 Vergabe von Platzpunkten pro Durchgang
 Wer erzielt die niedrigste Platzpunktsumme?
C. Sprunglauf auf Weite über 6 - 12 Sprunglaufschritte (s.o.)
 Ermittlung der Sprungweiten je Durchgang
 Wer erzielt die größte Gesamtweite?

Pendellauf
(Schnelligkeitsausdauer)
Dreiergruppen von gleichschnellen Schülern tragen innerhalb der Gruppe Pendelläufe über 2 bis 4 Streckenabschnitte von 20m/25m/30m/ 33 $^1/_3$m/50m (je nach Alter und Leistungsvermögen) aus.
2-3 Durchgänge, 5-8 min Pause - z.B.
Kl. 5 3x20m oder 2x30m
Kl. 7 3x25m
Kl. 9 4x25m oder 3x33 $^1/_3$m oder 2x50m
Ablauf: Durchlaufen der Meßstrecke, Umlaufen eines Wendemales, Durchlaufen der Meßstrecke usw.
Die Zeitnahme erfolgt für den ersten Abschnitt vom Startkommando bis zum Erreichen der Ziellinie, für den zweiten und die folgenden vom Überlaufen der Ziel- und jetzt Startlinie bis zur ursprünglichen Start- jetzt Ziellinie usw.

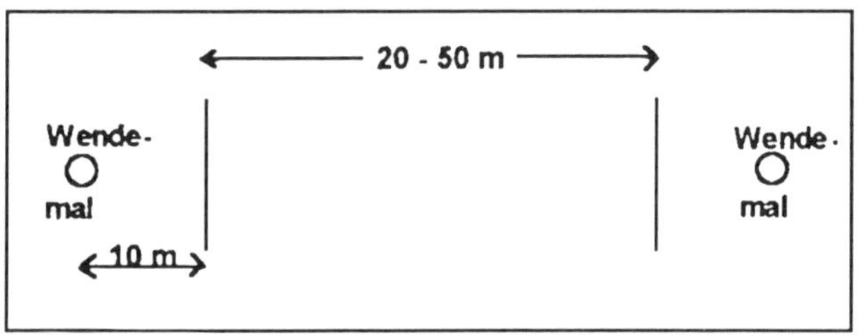

Wer erreicht die besten Zeiten?
Wer hat die geringste Differenz zu seiner Bestzeit über 60m/75m/100m?

Flachsprinter gegen Hindernisläufer
(Schnelligkeit, Schnelligkeitsausdauer)
2, 4, 6 etwa gleichschnelle Schüler starten in einem Lauf. Eine Hälfte läuft über 60m flach, die andere über 50m mit 5 Hindernissen. Die Startlinie für die Hindernisstrecke ist 10m vorgezogen, die Ziellinie somit gleich. Als Hindernisse werden ungefährliche Gegenstände (etwa Bananenkartons oder leichte Hürden) aufgestellt, die zwischen knie- und hüfthoch sind.
2 oder 4 Läufe, ca. 5 min. Pause;
Aufgabenwechsel nach jedem Lauf.
Wer erreicht die beste Gesamtzeit, die niedrigste Platzpunktzahl?

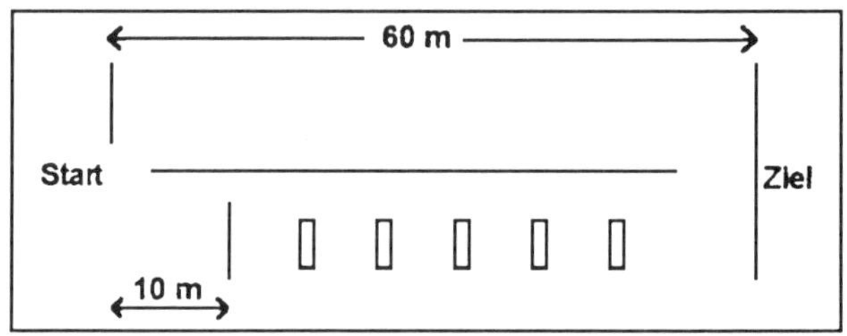

II. Start

Tiefstart-Technik

Varianten

Reaktionsübungen

Beschleunigung

Spiele und Wettbewerbe

Notizen:

Start - Tiefstart-Technik

Lernziel

Vermittlung anwendungsbereiter Grundkenntnisse zum Bewegungsablauf des Tiefstarts; Setzen von Schwerpunkten für die technische Ausbildung

Vorbemerkungen

Der Tiefstart gliedert sich in drei Abschnitte:

- Einnehmen der Position ´Auf die Plätze´: muß den zweckmäßigen Abstand der Füße zueinander und der Füße zur Startlinie gewährleisten als Voraussetzung eines standsicheren und abdruckbegünstigenden Bodenkontaktes
- Einnehmen der Position ´Fertig : hat das optimale Öffnen der Kniewinkel und die gleichmäßige Verteilung des Körpergewichts zum Ziel; zur Vorbereitung einer günstigen ´Arbeitsposition´
- Startaktion: verfolgt das Ziel, schnellstmöglich aus der Ruhe den ersten Laufschritt zu beenden.

Dem eigentlichen Tiefstart schließt sich der Beschleunigungslauf an.

Übungsreihe zur technischen Ausbildung

1. **Hochstart/Fallstart** - Schulung der Reaktion, des Ablaufens und der Beschleunigung aus einer hohen (´leichten´) Startposition
2. **Ablaufen aus tieferen Positionen** (starkes Bein- und Rumpfbeugen im Hochstart, Hochstart mit füchtigem Stütz der Hände, Kauerstart, Staffelstart, Einhandstart) - allmähliche Annäherung der Körperpositionen an den Tiefstart
3. **Einnehmen der Positionen ´Auf die Plätze´ und ´Fertig´** - Ermitteln und Schulen der individuell zweckmäßigsten Tiefstartpositionen
4. **Tiefstart und Beschleunigungslauf** - Entwickeln einer hohen Beschleunigungsleistung unter Beachtung einer ´sauberen´ Ausführung

Methodisch-organisatorische Hinweise

- gut erwärmt, aber noch nicht ermüdet sein
- volle Konzentration auf das Üben richten
- Startaktion und Beschleunigung immer zusammen und zuerst mit Hilfe einfacher Bewegungsabläufe üben
- zunächst auf eine technisch gute Ausführung der Übungen achten, bevor mit höchstem Einsatz gestartet und beschleunigt wird

‘Auf die Plätze’-Pos.	‘Fertig’-Position	Startaktion	Beschleunigung
	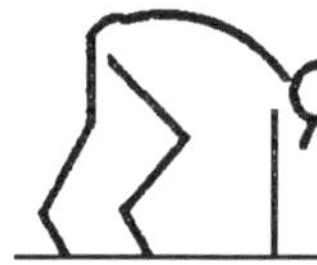		
- mittlere Startstellung (Füße vorn ca. 2, hinten ca. 3 Fußlängen von der Startlinie entfernt) - Arme stützen schulterbreit, senkrecht, gestreckt - Schultern über den Händen - entspannte Haltung, Blick zur Startlinie - gleichmäßige Gewichtsverteilung	- Anheben des Beckens zügig bis etwas über Schulterhöhe - Kniewinkel vorn etwa 90° - Schultern bleiben über den Händen - Füße drücken gegen die Blöcke - gleichmäßige Gewichtsverteilung	- Hände lösen zuerst, sofortiger widergleicher Armeinsatz - beidbeiniger, explosiver Abdruck; Bein hinten verläßt als erstes den Block - völlige Streckung des vorderen Beines - Vorbringen des hinteren Beines flach und sehr schnell - Kopfhaltung achsengerecht - deutliche Vorlage	- dichte Schrittfolge durch geringes Auspendeln, kurze Flugphase, kurze Stützzeit - aktiver Ballenaufsatz zuerst hinter dem KSP, dann darunter - allmähliches Aufrichten aus der Vorlage - kontinuierliche Zunahme von Schrittlänge und -frequenz - aktiver, geradliniger Einsatz der gebeugten Arme

Stabwechelabläufe als

1. Kauerstart

- Beschreibung s. umseitig, jedoch
- Blick unter der rechten/linken Schulter hindurch (Außen-bzw. Innenwechsel) auf Marke

2. Einhandstart diagonal - Abb. links

- Aufstellung wie zum Kauerstart, jedoch
- diagonaler Stütz auf einer Hand (Stütz rechts, wenn das linke Bein vorn steht), Blick zurück
- freier Arm nach hinten oben angewinkelt; wird bei Startaktion energisch nach vorn geführt

3. Einhandstart in **Paßaufstellung** - Abb. rechts

- Fußabstand weiter, Abstand Füße-stützende Hand größer (labile Position!)
- Stütz auf gleicher Hand wie vorderes Bein
- freier Arm nach vorn angewinkelt; schwingt bei Startaktion energisch nach hinten

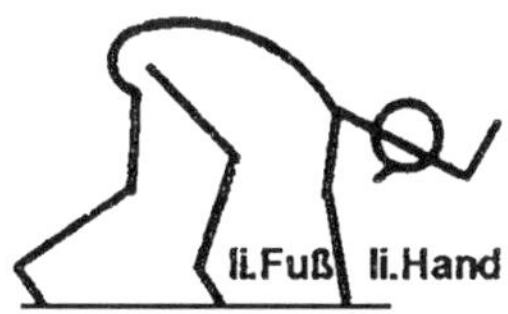

Start - Varianten

Lernziel

Vermittlung von Wissen und Können zu Übungs- und Brauchformen des Starts

Sportanlagen und Geräte

- Laufbahn, Rasenflächen, Hallenboden
- Markierungen wie Linien, Malstangen, Kegel

Methodisch-organisatorische Hinweise

- Startvarianten wie Hoch-, Kauer-, Einhandstart werden auch im Wettkampf angewendet (Mittel- und Langstrecke, Staffellauf).
- Starts sind immer als Komplex von Einnehmen der Startposition, Reaktion, Ablaufen und Beschleunigen aufzufassen und zu schulen.
- Starts aus höherer Position verlangen weniger Kraft und sind für Ungeübte effektiver (schneller, lockerer, bessere Schrittgestaltung).
- Alle Starts erfordern höchste Aufmerksamkeit und vollen Krafteinsatz.
- Starts sind immer mit Beschleunigungsläufen von ca. 10 Schritten oder 10-15m Länge zu verbinden.

Fallstart (ohne Kommando) - Abb. links
- Füße schulterbreit nebeneinander, Arme angewinkelt
- Läufer kippt ca. 20° gestreckt nach vorn
- Ablauf mit energischem Kniehub beim ersten Schritt

Hochstart (hoch) - Abb. rechts
- leichte Schrittstellung, stärkeres Bein vorn, geringe Rumpfneigung, diagonale Armhaltung
- Gewichtsverlagerung nach vorn, leichtes Beugen beider Beine (Ballendruckstellung)
- Beinabdruck, schneller und flacher Schritt des hinteren Beines, widergleicher Armeinsatz
- Beschleunigungslauf, leichte Körpervorlage und Zunahme von Schrittlänge und -frequenz

Hochstart (tief)
- vgl. Hochstart (hoch)
- stärkeres Einbeugen der Beine, Rumpfneigung bis in die Waagerechte oder leicht darunter

Hochstart mit flüchtigem Aufstützen der Hände
- s.o.
- Rumpfneigung so weit, bis die Hände den Boden berühren (unbelastet)

Kauerstart oder **hoher Tiefstart**
- s.o.
- Einnehmen der Position von oben
- Kniewinkel vorn größer als 90°
- Belastung der stützenden Arme

Reaktionsübungen mit Partner (optisches Signal) Partner A handelt, B reagiert

Abschlagen

A+B stehen in Armabstand hintereinander. B hat die Hände auf dem Rücken. A startet plötzlich. B reagiert mit Abschlagen.

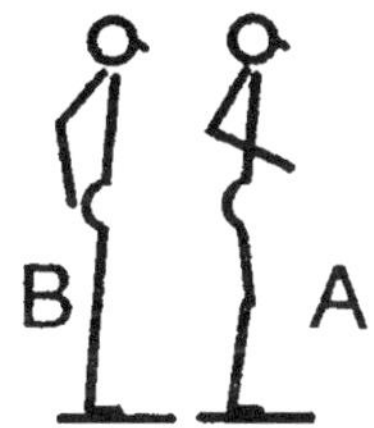

Umlaufen

B steht in Laufrichtung, A mit dem Rücken zu B dahinter. A umläuft B unangekündigt, läuft davon. B versucht, A bis zum Ziel (15 m) einzuholen.

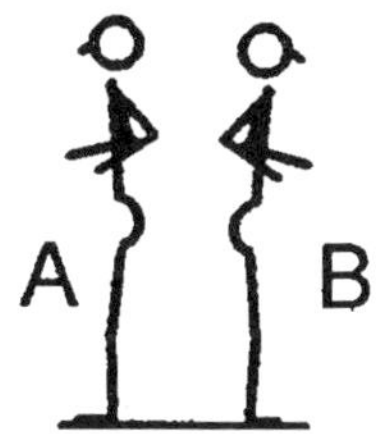

Aufspringen

A liegt auf dem Rücken, Füße nach vorn. B liegt auf dem Bauch daneben, Kopf nach vorn. A springt auf, läuft davon. B versucht, A bis zum Ziel (15 m) einzuholen.

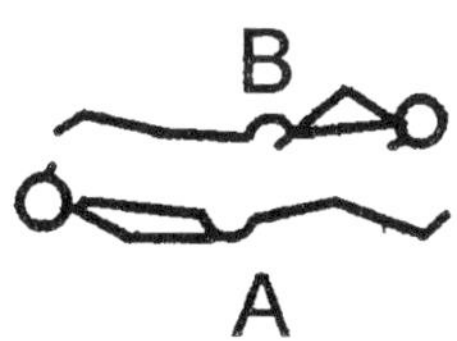

Start - Reaktionsübungen

Lernziel

Befähigung zum schnellen Beginnen der Startaktion nach Auslösen des Startsignals

Sportanlagen und Geräte

- Laufbahn, Rasenflächen, Hallenboden, Bodenmatten
- Markierungen wie Linien, Malstangen, Kegel

Methodisch-organisatorische Hinweise

- Voraussetzungen sind eine gute Erwärmung sowie höchste Bereitschaft und Konzentration.
- Das Üben soll am Beginn einer Stunde liegen.
- Es eignen sich schnell eingeleitete Bewegungen einzelner Körperteile und Ganzkörperbewegungen; letztere einzeln oder kombiniert, am Ort oder mit anschließendem Beschleunigen, als Partner- oder Gruppenwettbewerb.
- Akustische Signale sind laut zu geben; auch optische oder taktile Signale sind geeignet.
- Bei Übungen am Ort sind ca. 20 Wiederholungen, mit Beschleunigung 6-8 Wiederholungen bei 2-3 min Pause anzustreben.

Reaktionsübungen am Ort (nach Signal) als Einzelübungen und Kombinationen

- in der Rückenlage, Arme seitlich abgelegt, *Zusammenführen* beider Arme über dem Gesicht
- in der Rückenlage (gestreckt) *Anhocken* eines Beines, beider Beine gleichzeitig
- in der Rückenlage (Beine gehockt) *Strecken* eines Beines, beider Beine gleichzeitig
- im Liegestütz vorlings *Anhocken* und *Strecken* beider Beine
- aus der Strecklage *Rolle seitwärts* (halbe, ganze)
- aus der Bauchlage *Anhocken* beider Beine zum Hockstand und *Rolle vorwärts* in die Rückenlage
- im Hocksitz *Drehung* um die senkrechte Achse und *Rolle rückwärts* in den Hockstand mit anschließendem *Strecksprung* in den Stand
- aus dem Liegestütz rücklings *Drehung* in den Liegestütz vorlings, *Anhocken* und *Rolle vorwärts* in den Hockstand, *Durchhocken* zum Liegestütz rücklings

Verbindung o.g. Reaktionsübungen (nach Signal) mit Ablaufübungen über 10-15 m

z.B. aus dem Liegestütz rücklings *Drehung* in den Liegestütz vorlings, *Rolle vorwärts* in den Hockstand, *Ablaufen*

Ablaufübungen aus verschiedenen (auch ungewöhnlichen) Ausgangstellungen (nach Signal)

- Ablaufen aus den oben beschriebenen *Startvarianten* und dem *Tiefstart*
- Ablaufen nach Aufstehen aus dem *Schneidersitz* (mit und ohne Gebrauch der Hände)
- Ablaufen nach *Abrollen* aus dem *Nackenstand* (vgl. Abb. links)
- Ablaufen nach *Aufstehen* aus dem *Kniestand*, Kopf stützt auf dem Boden, Arme hinter dem Rücken verschränkt (vgl. Abb. rechts)

Start - Beschleunigung

Lernziel
Erwerb des Vermögens, in kurzer Zeit ein hohes Lauftempo zu erreichen

Sportanlagen und Geräte
- Laufbahn, Rasenflächen, Park- und Waldwege (auch mit geringer Neigung), Hallenfläche
- Linien, Malstangen, Kegel als Markierer

Methodisch-organisatorische Hinweise
- Gute Erwärmung und körperliche Frische sind unabdingbare Voraussetzungen für Beschleunigungsübungen.
- Sie liegen zweckmäßig zu Stundenbeginn.
- Geeignet sind alle Laufübungen in Verbindung mit Starts oder Antritten.
- Beim Üben ist auf Lockerheit zu achten; dafür sind insbesondere unterstützte Läufe (bergab, geringes Gefälle, Rückenwind) und Temposteigerungen aus der Bewegung geeignet.
- Auf technisch gute Ausführung ist zu achten.
- 4-8 Läufe über 20-40 m bei Pausen von 2-4 min

Beschleunigungslauf aus tiefen Ausgangsstellungen
(Angebot einer Übungsreihung für das Erarbeiten des Tiefstartes von 'unten') - nach Startsignal

Bauchlage - Abb. links
Liegestütz vorlings mit Anhocken eines Beines - Abb. rechts

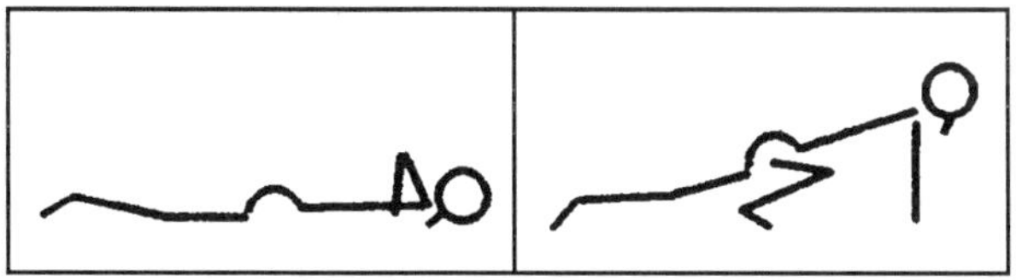

Bankstellung - Abb. unten
Auf 'Fertig' die Knie ca. 20 cm vom Boden lösen

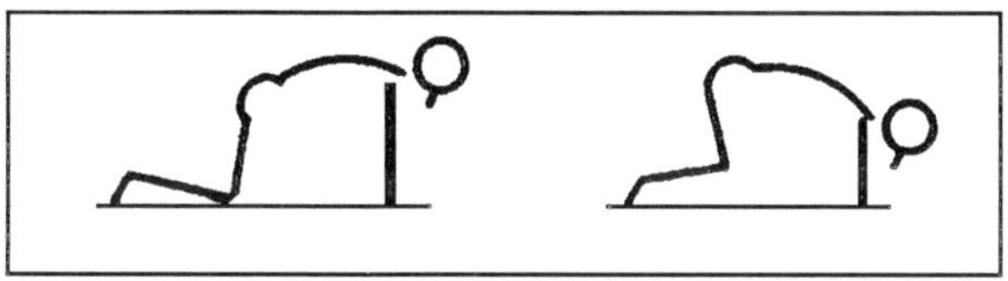

Bankstellung, Füße versetzt - Abb. unten
Auf 'Fertig' die Knie ca. 20 cm vom Boden lösen

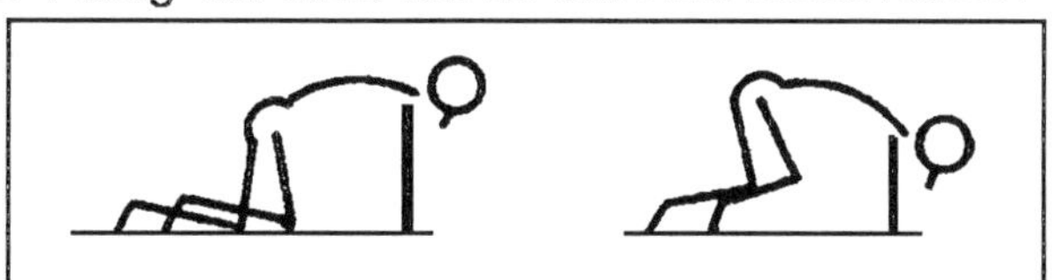

Geeignete Übungsformen sind alle **kurzen Abläufe (20-40m)**, die beispielsweise in Verbindung mit
- **Startübungen**
- **Stabwechseln**
- **Anläufen zur 1.Hürde**
- **Anläufen zu Sprüngen (bes. horizontale)**
- **Fang- und Platzwechselspielen**
- **Ballspielen**

ausgeführt werden (vgl. dort).

Weitere Übungsbeispiele (auch geeignet für Bergab- oder Rückenwindunterstützung):
Steigerungslauf - Abb. unten
Über eine Streckenlänge von ca. 30-50m wird das Lauftempo bis zu einer mittleren Geschwindigkeit gesteigert,
daran anschließend über ca. 20m bis zur submaximalen bzw. Höchstgeschwindigkeit.

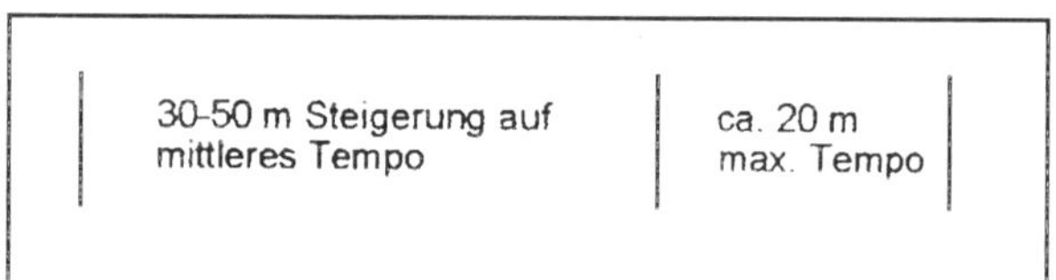

Steigerungslauf als Hügellauf
Vor einem mäßigen Anstieg wird auf ebener Strecke ca. 20m angelaufen und am Hügel versucht, auf 8-12 Laufschritten die Geschwindigkeit weiter zu steigern.
Antritt aus dem ruhigen Lauf oder aus Übungen des Lauf-ABC (Fußgelenkarbeit, Hopserlauf, Kniehebelauf usw.)
Die Schüler laufen in ruhigem Tempo einzeln oder in Gruppen auf der Geraden, durch die Kurve, über den Platz. Auf Signal führen sie ca. 8-12 sehr schnelle Laufschritte aus.
Überholen - Abb. unten
Die Schüler laufen langsam in Reihe oder Doppelreihe auf der Geraden, durch die Kurve (jeweils auf der Bahnmitte), über den Platz. Auf Signal tritt der jeweils letzte Schüler an und setzt sich an die Spitze der Reihe, wo er langsam weiterläuft.

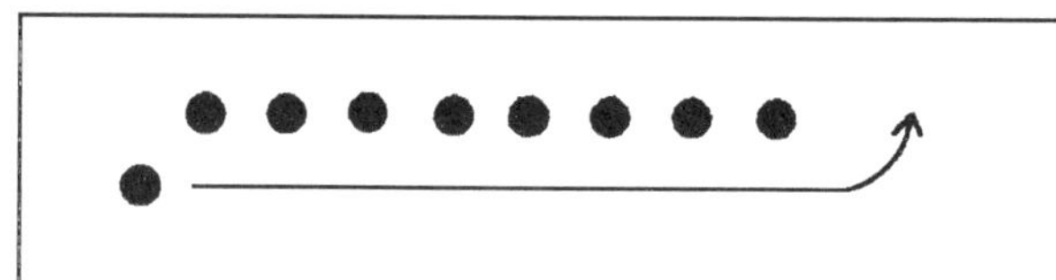

Start - Spiele u. Wettbewerbe

Lernziel
Anwendung von Startformen in Spielen und Wettbewerben; weitere Schulung des Startens

Sportanlagen und Geräte
- Laufbahn, Spielfeld, Rasenflächen, Turnhalle
- Markierer, Startblöcke, Startklappe
- Stoppuhren

Methodisch-organisatorische Hinweise
- zur Auflockerung standardisierter Wettkampfformen vielfältige alternative Formen einsetzen (Einzel- und Mannschaftswertung)
- die Spiele und Wettbewerbe so gestalten, daß sowohl die absolute als auch die relative Leistung gewertet werden
- vor Wettbewerben gut erwärmen; niemals in ermüdetem Zustand beginnen
- nur sicher beherrschte Bewegungsabläufe in Wettbewerben einsetzen

Geeignete **Kleine Spiele** sind u.a.
- Hundehütte
- Komm mit - Lauf weg
- Schwarz - Weiß (Tag/Nacht)
- Drittenabschlagen

Hasche im Wechselraum
2 gleich schnelle Schüler üben gemeinsam. Partner A läuft an (ca. 20m). Partner B läuft ab (Hoch-, Kauerstart), wenn A die Sichtmarke er-reicht (ca. 4-6m vor dem Wechselraum). A soll B vor Ende des Wechselraumes (20m) abschlagen. Rollentausch, 4-6 Wiederholungen,
Vgl. Technik Stabwechsel

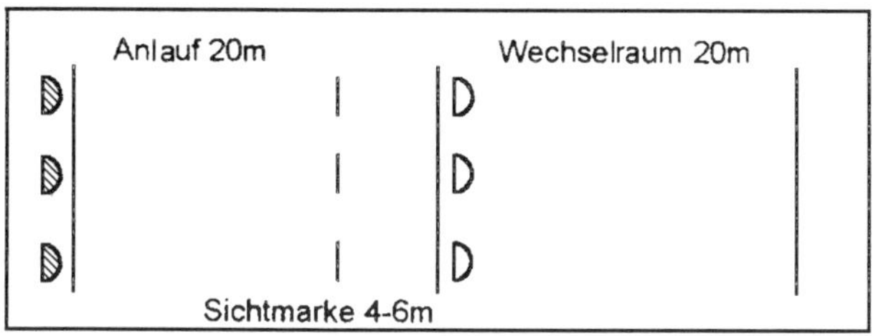

Vergleich der Starttechniken
Paare von gleich schnellen Schülern starten je einmal/zweimal aus dem Hoch-, Einhand-, Tiefstart (Laufstrecke 15-25 m; Zeitnahme).
Mit welcher Startform bin ich am schnellsten?

Technikwettkampf - Tiefstart

Die Schüler, 4 bis 6 Gruppen, starten einzeln mehrmals über eine Strecke von 15-25m.
Eine Jury aus 4-6 Schülern (je Gruppe einer) bewertet die Qualität von vorgegebenen Bewegungsmerkmalen in einer Dreierskala (s.u.). Das betr. Jurymitglied wertet nicht mit, wenn ein Schüler seiner Gruppe startet; läuft jedoch selbst mit.
Wer/welche Gruppe erhält die meisten Punkte?

MERKMAL	gut (3)	mittel (2)	schlecht (1)
Auf die Plätze	richtig	zu weit	zu eng
Fertig	vorn 90°	höher	tiefer Hohlkreuz
Handabdruck	erstes; diagon.	rückwärts	unterbleibt
1. Schritt	schnell, kurz	zu lang	Aufstehen Stolpern
Beschleunigung	Vorlage Tempostelger.	zu aufrecht lange Schritte	Hohlkreuz Querbeweg.

Kettenreaktion

Die Schüler nehmen in Linie Aufstellung (Grundstellung mit angewinkelten Armen oder Ausgangsstellung für den Hochstart). Der Schüler links oder rechts außen startet im Fall- oder Hochstart, der jeweils nächste beginnt dann, wenn sein Vorgänger abläuft.

Reaktionsstart

Drei gleich schnelle Schüler nehmen Aufstellung zum Start (Hoch- oder Tiefstart), wobei die Startlinie des mittleren Schülers um 2m zurückverlegt ist. Die Positionen 'Auf die Plätze'/'Fertig' werden auf Kommando eingenommen. Der mittlere (hintere) Schüler startet selbständig, die beiden anderen reagieren so schnell wie möglich. (Wechsel der Aufgaben; Laufstrecke 15-25m; 2-3 Durchgänge)
Wer erreicht das Ziel zuerst ? Ermittlung der Platzpunktsumme

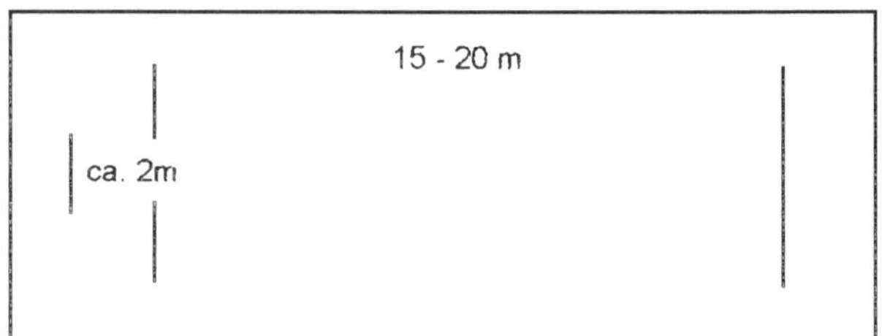

III. Staffellauf

Wechseltechnik

Varianten

Spiele und Wettbewerbe I

Spiele und Wettbewerbe II

Notizen:

Staffellauf - Wechseltechnik

Lernziel

Vermittlung anwendungsbereiter Grundkenntnisse zum Ablauf des Stabwechsels einschließlich wichtiger Wettkampfbestimmungen; Setzen von Schwerpunkten für die technische Ausbildung

Vorbemerkungen

Die Wechseltechnik beinhaltet folgende Gesichtspunkte:

- Festlegung der Ablaufmarke: muß eine hohe und angepaßte Übergabegeschwindigkeit und eine exakte Ablaufgenauigkeit gewährleisten
- Ausnutzen des Wechselraumes: hat eine möglichst lange Beschleunigungsstrecke bei später Stabübergabe zu sichern
- Wechselart: Sicherheit, eine möglichst kurze Wegstrecke und die Ersetzbarkeit von Läufern entscheiden über die Anwendung des Außen- oder des Innenwechsels
- Ablauf der Stabübergabe: hat spät, bei hohem Tempo, während weniger Schritte, mit größter Sicherheit zu erfolgen

Für Schüler empfiehlt sich der Außenwechsel.

Übungsreihe zur technischen Ausbildung des Außenwechsels von unten

1. **Abläufe auf optisches Signal** (Ball überrollt Sichtmarke; Spiel ‘Schwarz - Weiß’) - Schulung von Reaktionsvermögen, Antritt, Beschleunigung

2. **Hasche im Wechselraum** (s. Startspiele) - Festlegen der Ablaufmarke, Beobachten des ankommenden Läufers, Schulung des Reaktionsvermögens, des schnellen An- und Ablaufens, des abgestimmten Verhaltens der Partner

3. **Übergeben und Übernehmen des Stabes** im Stand, Gehen, Laufen - Schulung der eigentlichen Übergabe = Annäherung / Ruf / Hand zurück / Übergabe / Stab in die andere Hand

4. **Stabwechsel im Wechselraum** - Schulung des Stabwechsels bei Höchstgeschwindigkeit
5. **Stabwechsel unter Wettkampfbedingungen** (Umkehrstaffel, Rundlaufstaffel)

Methodisch-organisatorische Hinweise

- Verhalten im Wechselraum zuerst ohne Stab üben (bis zur Höchstgeschwindigkeit)
- Übergabevorgang mit allmählicher Tempoerhöhung und Steigerung der Anforderungen

Vorbereitung	**Anlauf**	**Ablauf**	**Übergabe**

- Festlegen der Ablaufmarke (je nach Alter und Geschwindigkeit 5-7m; Probieren) - Einnehmen der Ablaufpostion - linke Bahnseite - tiefer Hochstart - Blick zum Anläufer und zur Ablaufmarke - höchste Konzentration	- Lauf in Höchstgeschwindigkeit und Beibehalten des Tempos im Wechselraum - kürzeste Wegstrecke und rechte Bahnseite im Wechselraum - Stab wird links getragen - Arm nicht zu zeitig nach vorn führen	- Ablauf, wenn Partner die Ablaufmarke erreicht - maximaler Antritt - schnelles Reagieren - schnelle Schrittfolge - nicht umdrehen - Arm nicht zu zeitig nach hinten führen - an der linken Bahnseite laufen	- Annäherung auf ca. 2m - Anläufer: Ruf und Stab nach vorn - Abläufer: Arm zurück Daumen abgespreizt, ruhige Armhaltung - Anläufer: Stab sicher von unten in die Hand des Abläufers; Bahn nicht verlassen - Abläufer: Stab in andere Hand wechseln - gesamter Vorgang ohne Tempoverlust

Umkehrstaffel mit Wendemal
Mannschaftsaufstellung in Reihe. Der 1. Starter durchläuft die Strecke, umläuft ein Wendemal, läuft zurück und übergibt den Stab von vorn um eine Malstange herum an den 2. usw.

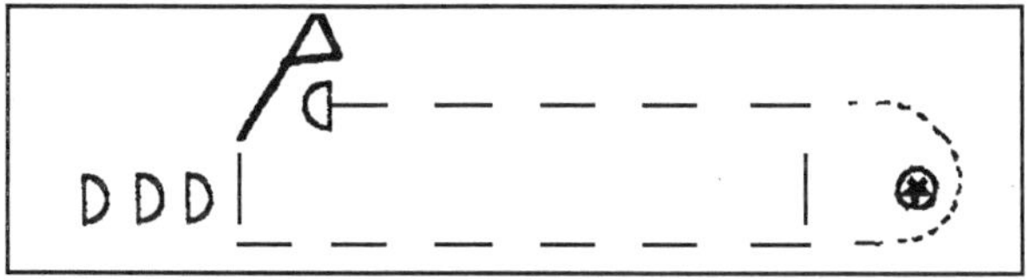

Umlaufstaffel mit zwei Wendemalen
Zwei Gruppen einer Mannschaft stehen einander gegenüber. Der 1. Starter durchläuft die Strecke, umläuft hinter der Gruppe ein Wendemal und übergibt den Stab von hinten (Außenwechsel) an den 2. usw.

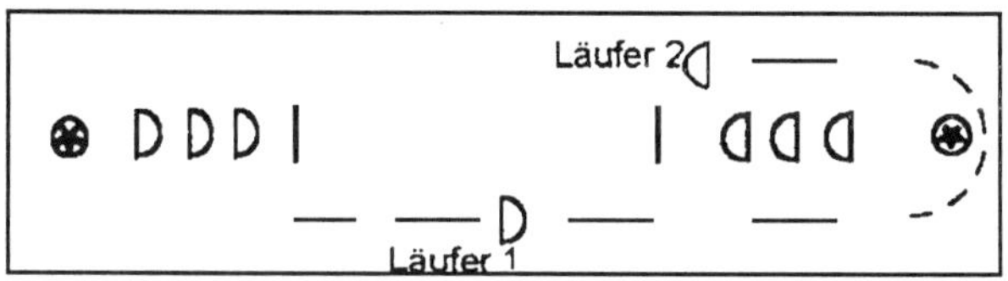

Rundlaufstaffel
Die Mannschaftsmitglieder sind auf der Rundbahn (einem Kreis, Viereck, Dreieck) an den Wechseln verteilt. Sie laufen nacheinander ihre Strecke und übergeben von hinten.

Staffellauf - Varianten

Lernziel
Vermittlung von anwendungsbereiten Kenntnissen und praktischem Können zu verschiedenen Varianten des Staffellaufes

Sportanlagen und Geräte
- Laufbahn, Sportplatz, Hallenfläche
- Ablaufmarkierungen, Malstangen, Kegel
- Staffelstäbe

Methodisch-organisatorische Hinweise
Es handelt sich sowohl um Varianten der Stabübergabe als auch um verschiedene Möglichkeiten der Organisation des Staffellaufes.
- gute Erwärmung ist Voraussetzung für verletzungsfreies schnelles Laufen
- je nach Streckenlängen und Anzahl der absolvierten Teilstrecken kann der Staffellauf als Möglichkeit der Schnelligkeitsentwicklung (S) oder zur Entwicklung der Schnelligkeitsausdauer (SA) eingesetzt werden

S : 2-5 x 100-30m; ca. 3-10 min Pausen
SA: 4-10 x 100-30m; ca. 2-4 min Pausen

Stabübergabe von unten - Abb. links
Übernehmender hält die Hand so nach hinten, daß der Daumen abgespreizt wird und die Öffnung zwischen Daumen und Fingern abwärts zeigt. Übergebender schiebt den Stab von unten nach oben in die Hand.

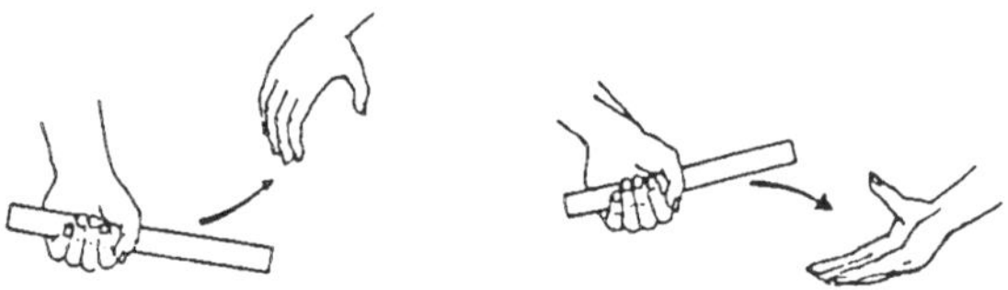

Stabübergabe von oben - Abb. rechts
Übernehmender hebt die Hand nach hinten und dreht sie so, daß die Handfläche (Daumen abgespreizt) nach oben zeigt. Übergebender legt den Stab von oben nach unten in die Hand.

Außenwechsel
Anläufer läuft an der Bahnaußenkante, hat den Stab li. Abläufer läuft an der Bahninnenkante, übernimmt den Stab rechts und gibt ihn nach links.

Innenwechsel
Anläufer läuft an der Bahninnenkante, trägt den Stab re. Abläufer läuft an der Bahnaußenkante, übernimmt den Stab links und gibt ihn nach rechts.

Gemischter (Frankfurter) Wechsel
Wechsel 1 und 3 sind Innenwechsel, Wechsel 2 ist Außenwechsel. Ein Übergeben des Stabes in die andere Hand entfällt, die Laufstrecke ist die kürzest mögliche.

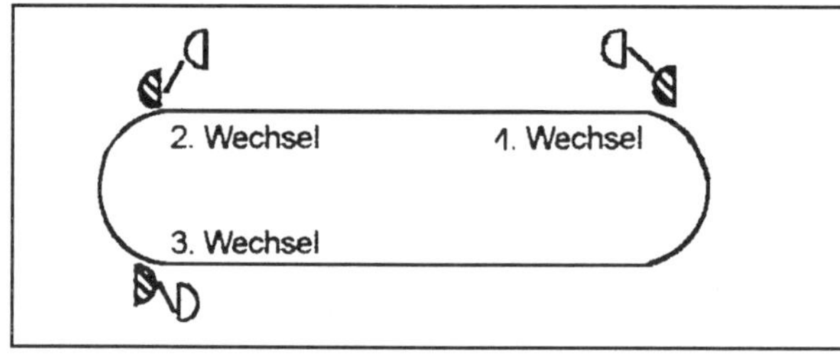

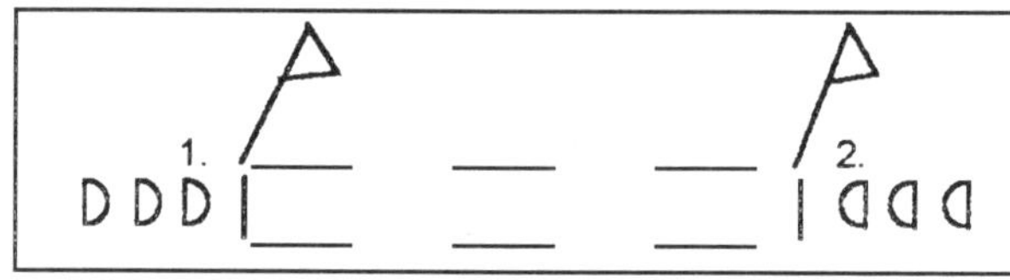

Pendelstaffel
Zwei Gruppen einer Mannschaft stehen einander gegenüber. Der 1. Starter läuft auf die andere Gruppe zu und übergibt den Stab um eine Malstange herum von vorn an den 2. Starter usw.

- *Mitnahme von Gegenständen wie*
  - Staffelstab
  - Gymnastikreifen
  - Ball (auch mehrere; Variationen wie Tragen, Rollen, Prellen, Dribbeln)
  - Obstkarton
  - Kastenteil (mit Partner)
  - Turnmatte (mit Partner) usw.
- *Mitnahme von Partnern*
  - Huckepack (einzeln)
  - Schubkarre (einzeln)
  - im Kastenteil (paarweise)
  - mit Feuerwehrsitz (paarweise)
  - auf Turnmatte (gruppenweise)
  - auf Scheuerlappen (ziehen, schieben)
- *Erfüllung von Zusatzaufgaben wie*
  - Zielwerfen
  - Korbwurf
  - Wechsel von Bekleidungsstücken (Mütze, Handschuhe, Gummistiefel, Judoanzug = stabil)
  - Turmbau mit Obstkartons
  - Straßenbau mit Turnmatten
  - Brückenbau mit Kastenteilen

Staffellauf - Spiele und Wettbewerbe I

Lernziel

Anwendung der Technik des Stabwechsels und Schulung des schnellen und des ausdauernden Laufens in vielfältigen Formen

Sportanlagen und Geräte

- Laufbahn, Sportplatz, Rasenflächen, Hallenfläche, Bodenmatten
- Staffelstäbe, Gymnastikreifen, Bälle, Kastenteile, Hürden, Obstkartons
- Markierungen wie Linien, Malstangen, Kegel

Methodisch-organisatorische Hinweise

- gute Erwärmung sichern
- Gefahren (bes. in lustigen Staffeln) ausschließen
- einsetzbar im Hauptteil zur Könnensentwicklung oder im Schlußteil zur Entspannung
- stets für Mannschaften annähernd gleicher Leistungsstärke sorgen
- Belastungsstärke und -umfang nach Absichten (Schnelligkeit, Ausdauer, Entspannung) und Alter der Schüler regulieren

Lustige Staffeln
Diese Staffeln dienen in erster Linie der Entspannung nach hoher Belastung, können aber auch für die Entwicklung von Schnelligkeit und Gewandtheit genutzt werden.
Die Klasse wird in drei und mehr Gruppen von etwa gleicher Leistungsstärke geteilt.
Die Länge für die jeweilige Teilstrecke sollte zwischen 20m und 40m betragen.
Geeignete Staffelvarianten sind die Pendel-

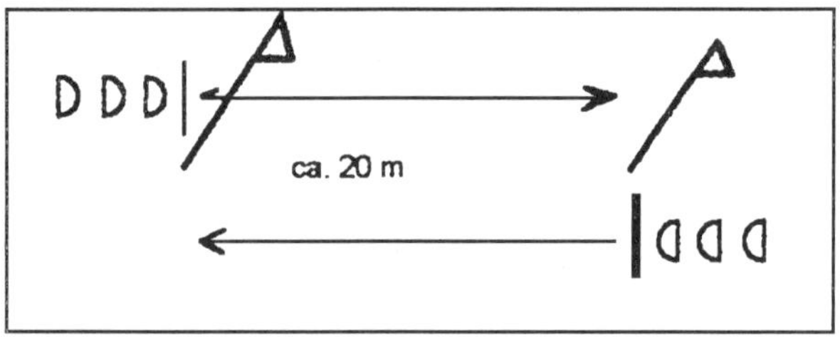

und die Umkehrstaffel.

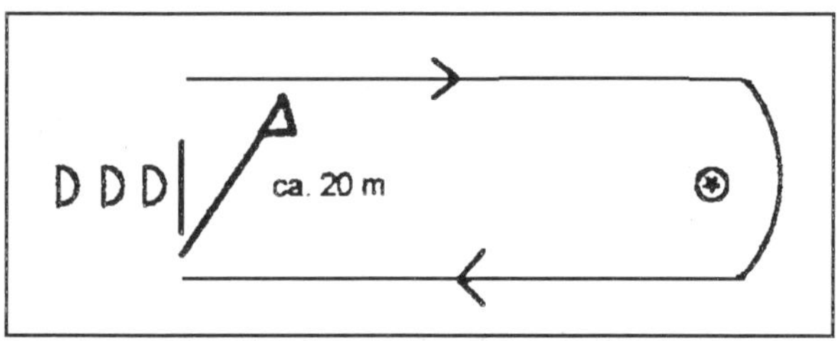

Die Ablösung sollte nach Umlaufen der Gruppe von hinten erfolgen.

Variationsmöglichkeiten bieten sich an hinsichtlich der Wahl von
- *Fortbewegungsart*
  - Laufen
  - Hüpfen — vorwärts
  - Kriechen — rückwärts
  - Entengang — u.U. seitwärts
  - Krebsgang
  - Rollen
  - Dreibeinlaufen
  - Sackhüpfen usw.
- *Startform*
  - Hochstart
  - Kauerstart
  - Ablauf aus anderen Ausgangsstellungen wie Bauchlage, Rückenlage, Hockstand, Bankstellung usw.
  - Ablauf nach Rolle, Drehung, Strecksprung usw. oder Kombinationen
- *Überwindung von Hindernissen wie*
  - Übersteigen
  - Durchkriechen
  - Umlaufen
  - Überrollen
  - Überspringen usw.

Technikwettkampf

Schülerpaare demonstrieren auf einer 50m-Strecke (20m Anlauf, 20m Wechselraum, 10m Auslauf) die Wechseltechnik (Außenwechsel). Jedes Paar läuft zweimal mit Rollentausch. Bei Mißlingen des Wechsels wird der Lauf wiederholt. Eine Jury aus 4-6 Schülern bewertet die Wechselausführung an Hand von vorgegebenen Beobachtungsmerkmalen in einer Dreierskala.

Merkmal	**gut (3)**	**mittel (2)**	**schlecht (1)**
Abläufer Start	genau	zu spät	zu früh
Abläufer Beschleunig.	optimal	mit nach hinten gestrecktem Arm	mit Umdrehen
Übergabeort	2. Hälfte Wechselraum	1. Hälfte Wechselraum	hinter Wechselraum
Übergabedauer	2 Schritte	bis 4 Schritte	über 4 Schritte

Welches Paar erhält die höchste Punktzahl?

Staffellauf - Spiele und Wettbewerbe II

Lernziel

Sportanlagen und Geräte

Methodisch-organisatorische Hinweise

siehe Spiele und Wettbewerbe I

Dreierpendelstaffel (Schnelligkeitsausdauer)

Es werden etwa gleich schnelle Dreiergruppen gebildet, die als Pendelstaffel eine ca. 30m lange Strecke durchlaufen. Die Ablösung erfolgt durch Handschlag oder Stabübergabe um eine Malstange herum von vorn.

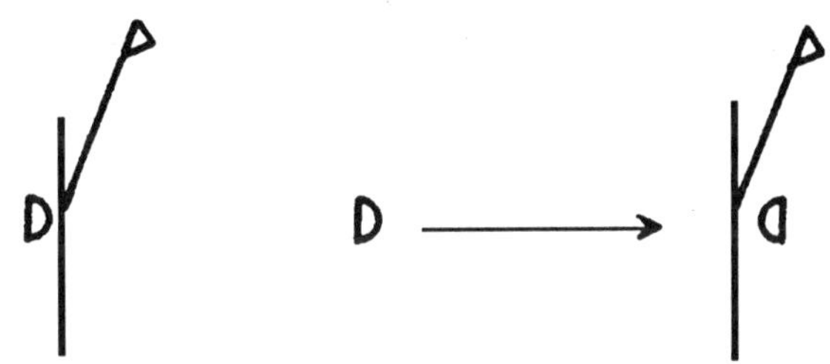

Wer erzielt nach 3, 4, 5 Durchgängen die beste Zeit?

Wer läuft in 2, 3, .. min die längste Strecke?

Kurzsprintstaffel (Schnelligkeit)
Etwa gleich schnelle Paare oder Dreiergruppen laufen gegeneinander. Auf der 100m-Geraden werden für die 2x50m-Staffeln ein Wechselraum bei 40-60m eingerichtet bzw. zwei Wechselräume bei 25-45m und bei 55-75m für die 3x33 $^{1}/_{3}$m-Staffel. Auf den Anlaufraum sollte verzichtet werden. Die Wechselart ist abzusprechen.
Varianten: Staffeln gegen Einzelläufer; Zweierstaffel gegen Dreierstaffel

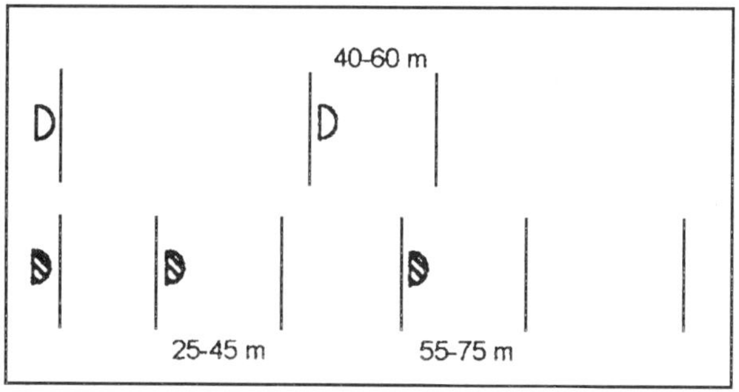

Pendelstaffel gegen Umlaufstaffel (Schnelligkeit, Schnelligkeitsausdauer)
Es werden etwa gleich schnelle Gruppen gebildet, die auf einer Pendelstrecke und einer Rundstrecke gegeneinander laufen. Die Länge der Teilstrecken ist abhängig von der zur Verfügung stehenden Rundbahn (100 oder 50m). Eventuell ist als Ersatz für die Rundbahn auch ein Quadrat von 50m Seitenlänge abzustecken. Ein Rollentausch ist empfehlenswert.

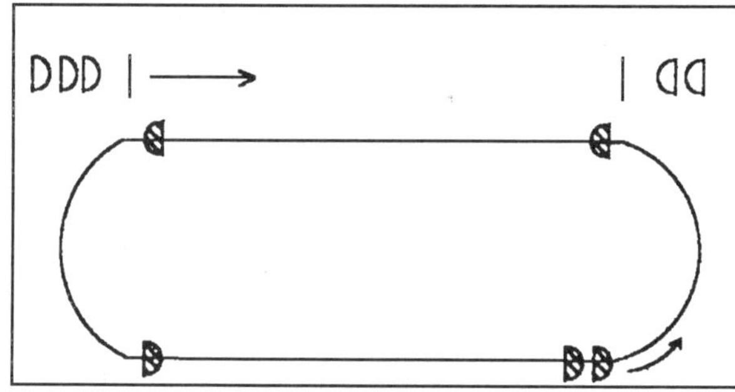

Welche Gruppe ist einzeln, in der Gesamtzeit nach Rollentausch schneller? Welche Gruppe absolviert in einer vorgegebenen Zeit die meisten Wechsel?

Weltrekordstaffel (Schnelligkeitsausdauer)
Etwa gleich schnelle Schülergruppen laufen auf Teilstrecken von 50/100/200m (je nach Alter) als endlose Pendel- oder Umlaufstaffel 1500/3000/5000m. Die gelaufenen Staffelzeiten werden mit den aktuellen Männer- bzw. Frauenweltrekorden verglichen.

IV. Hürdenlauf

Technik des Hürdenschritts

Übungen zur Hürdenüberquerung

Übungen zum Zwischenhürdenlauf

Startübungen

Kraft und Beweglichkeit

Wettbewerbe

Notizen:

Hürdenlauf - Technik des Hürdenschritts

Lernziel

Erwerb anwendungsbereiter Grundkenntnisse zur Ausführung des Hürdenschritts; Setzen der Schwerpunkte für die technische Ausbildung

---

Vorbemerkungen

Der Hürdenlauf umfaßt die Abschnitte Start, Beschleunigung zur 1. Hürde, Hürdenschritt, Zwischenhürdenlauf und Zieleinlauf. Der Hürdenschritt gliedert sich in die Phasen Stütz I, Flug, Stütz II.

- Stützphase I: Vorbereitung der Hürdenüberquerung ohne Geschwindigkeitsverlust
- Flugphase: Sicherung der schnellstmöglichen Hürdenüberquerung bei zweckmäßigen Bewegungen von Beinen, Armen und Rumpf
- Stützphase II: Gewährleistung einer bremsstoßfreien Landung und des schnellen Überganges zum Zwischenhürdenlauf

Übungsreihe zur technischen Ausbildung

1. *Gehen* und *Hopserlauf* über schritthohe Hürden
   - Erfassen von Fußaufsatz, Bein- und Armführung beim Hürdenschritt (beidbeinig)
2. *Überlaufen* von schritthohen Hürden (nur Schwungbein/nur Nachziehbein/vollständig) *aus dem Traben* als *Ballenlauf*
   - Erfassen des Gesamtablaufes des Hürdenschrittes aus dem langsamen Ballenlauf
3. *Überlaufen* von mehreren schritthohen Hürden mit fester *Schrittzahl zwischen den Hürden*
   - Verbindung von Hürdenschritt und Zwischenhürdenlauf (beidbeinig)
4. *Tiefstart* und *Überlaufen* von mehreren Hürden
   - Anpassen von Start und Beschleunigung an die Bedingungen des Hürdenlaufes
5. *Hürdenlauf* als Gesamtablauf
   - Entwicklung des wettkampfgemäßen Hürdenlaufens

Methodisch-organisatorische Hinweise

- Beweglichkeit in Beinen und Hüfte ausbilden
- beim Hürdenschritt beidbeinig schulen
- Hürdenlauf muß stets Ballenlauf sein
- Hürdenschritt vor Rhythmusschulung stellen
- u.U. Vier-Schritt-Rhythmus laufen lassen

Stützphase I	Flugphase I	Flugphase II	Stützphase II

- Fußaufsatz auf dem Ballen unter dem Körperschwerpunkt - schnellkräftiger Einsatz des gebeugten Schwungbeines und leichtes Rumpfbeugen - kräftige Streckung des Abdruckbeines unter Beibehaltung eines langen Bodenkontaktes - Ballenabdruck	- geradliniges Ausschleudern des Schwungbeinunterschenkels - Vorbringen des widergleichen Armes zum Schwungbeinfuß - Rumpfvorbeugen - Auspendeln und Drehen des Abdruckbeines nach außen - Nachziehbewegung, wenn Ausschleudern des Schwungbeines beendet ist	- aktives Senken des Schwungbeines und zügiges Nachvornbringen des gebeugten und abgespreizten Nachziehbeines - Hüfte und Nachziehbeinknie passieren Hürdenoberkante zur gleichen Zeit - widergleiche Armbewegung; Führungsarm wird gebeugt zurückgenommen und am Rumpf angelegt	- aktives Bodenfassen des gestrecken und im Fuß festgestellten Beines auf dem Ballen - Landestelle dicht an der Hürde unter dem Körperschwerpunkt - kraftvolles Nach-vorn-oben-Bringen des gebeugten Nachziehbeines bis vor die Körpermitte - Arme arbeiten dicht am Körper; keine Verdrehungen im Körper

Hürdenlauf - Übungen zur Hürdenüberquerung

Lernziel
Ausbildung der Fertigkeiten des wenig bremsenden Überlaufens der Hürden

Sportanlagen und Geräte
- Laufbahn, Hartplatz, Hallenfläche
- Hürden, Kartons, Schaumgummiquader
- Markierungen

Methodisch-organisatorische Hinweise
- gute Erwärmung und vorbereitende Beweglichkeitsschulung sichern
- die Hürden / Hindernisse sollten schritthoch sein (Schüler können darüber noch stehen)
- beidbeinig ausbilden
- häufig mit Rhythmusschulung verbinden
- technische Merkmale beachten:
  Ballenlauf
  Nachziehbein geschlossen, abgespreizt, hoch nach vorn, angezogene Fußspitze
  Hüft- und Beinstreckung bei Bodenkontakt
  Drehungen in Bein, Hüfte, Rumpf vermeiden

Überlaufen von Hürden **mit dem Schwungbein** oder **dem Nachziehbein** - isoliertes Üben zur Erhöhung der Konzentration auf die Bewegungsmerkmale
Hürdenabstand ca. 4-5 m (3-Schritt-Rythmus) oder 6-7 m (5-Schritt- / 4-Schritt-Rhythmus)
Schwungbeinlauf (senkrechtes Anschwingen und Ausschleudern sowie aktives Bodenfassen beachten; Ballenlauf, Arme dicht am Körper)
Schwungbein über schritthohe Hürden, Nachziehbein über niedrige Hindernisse bewegen

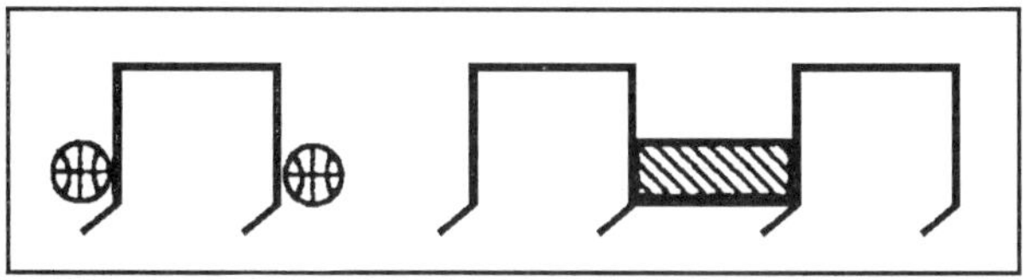

Nachziehbeinlauf
Nachziehbein über schritthohe Hürden führen, Schwungbein über niedrige Hindernisse
Schwung- und Nachziehbein im Wechsel

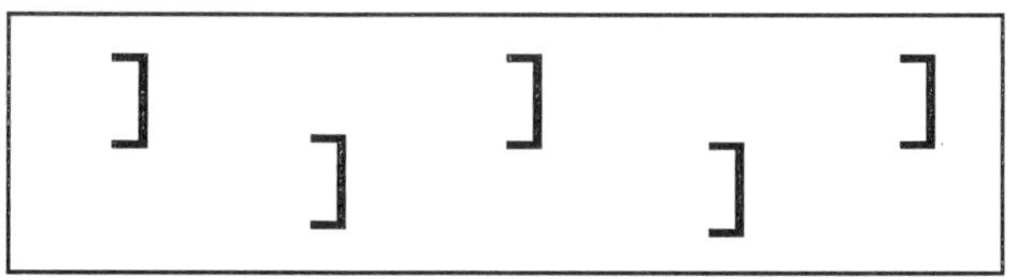

Gehen über schritthohe Hürden/Hindernisse - Erfassen des Nacheinander von Schwungbein- und Nachziehbeinarbeit, der senkrechten Führung des Schwungbeines, der korrekten (s.o.) Nachziehbeinarbeit *Varianten:* - mit Zwischenschritt, Hürdenabstand ca. 1,5 bis 2m, Nachziehbein wechseln - ohne Zwischenschritt, Hürdenabstand ca. 0,8 bis 1m, Verdrehungen vermeiden - mit mehreren Gehschritten zwischen den Hürden, Hürdenabstand beliebig **Nachziehbeinarbeit** über schritthohe Hürde im Stand serienmäßig mit Unterstützung durch Partner oder mit Halt an Sprossenwand/Sportplatzgeländer Standbein gestreckt seitlich neben und ca. 1-2 Fußlängen jenseits der Hürde auf korrekte Ausführung achten 	**Gehen** über schritthohe Hürden mit Hopser nach jedem Bodenkontakt - erhöht die Aktivität des Übersteigens über die Hürden, ohne Zwischenschritte Hürdenabstand ca. 1 bis 1,3m Beobachtungspunkte wie oben **Hopserlauf** über schritthohe Hürden - erhöht die Aktivität des Bodenfassens, Hürdenabstände je Hopser ca. 1-1,2m Beobachtungspunkte wie oben *Varianten:* - ohne Beinwechsel mit 1 oder 3 Zwischenhopsern - mit Beinwechsel mit 2 oder 4 Zwischenhopsern **Kniehebelauf** über zuerst knie-, dann schritthohe Hürden - erhöht die Intensität der Hürdenüberquerung unbedingt auf Ballenabdruck achten, damit die Hürden überlaufen und nicht übersprungen werden insgesamt auf korrekte Ausführung achten (s.o.) Kniehebelauf im 3- und 5-Schritt-Rhythmus Hürdenabstand ca. 3 bzw. 5m

Rhythmusläufe
über 3 bis 5 schritthohe Hürden, später Wettkampfhöhe (aber auch wechselnde Höhe); Abstände je Schritt ca. 1,50m (z.B. 3-Schrittrhythmus = 5-6m), später zunehmend bis Wettkampfabstand

A. Lauf in vorgegebenen Rhythmus (5-, 4-, 3-Schrittrhythmus) mit Markierung der Abdruck- und Landestelle

B. Lauf im 4- oder 3-Schrittrhythmus mit zunehmendem Hürdenabstand

C. Lauf im 4- oder 3-Schrittrhythmus mit Zunehmen von Hürdenabstand und -höhe

D. Lauf im 3- oder 4-Schrittrhythmus über die Wettkampfabstände und -höhen

Hürdenlauf - Übungen zum Zwischenhürdenlauf

Lernziel
Befähigung zum sprintgerechten und rhythmischen Durchlaufen der Hürdenabstände

---

Sportanlagen und Geräte
- Laufbahn, Hartplatz, Hallenfläche
- Hürden, Kartons, Schaumgummiquader, Bodenmatten ca. 2x1m
- Markierungen

Methodisch-organisatorische Hinweise
- *Problem:* Laufen von Wettkampfabständen im 3-Schrittrhythmus erfordert sehr gute Schnelligkeits- und technische Fähigkeiten; alternativ können der 4- und der 5-Schrittrhythmus angewandt bzw. die Abstände verkürzt werden.
- Erwärmung wie zum Sprintlauf, Beweglichkeitsschulung und Hürdenüberquerung einbeziehen
- beidbeiniges Überlaufen ausbilden
- Hürdenlauf ist Ballenlauf!

Lauf über flache Hindernisse
als Ballenlauf mit betontem Abdruck vor der Markierung, ohne vorgegebenen Rhythmus; Abstände zwischen den Markierungen gleich oder wechselnd; nicht springen, nicht trippeln und ziehen; Beidbeinigkeit erwünscht

A. Lauf über Linien, Seile, Stäbe

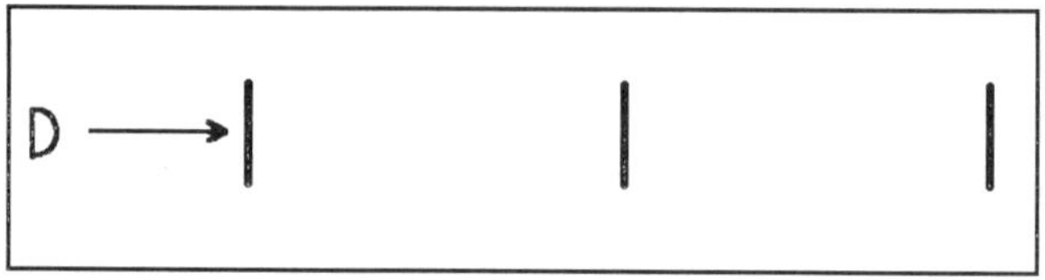

B. Lauf über Zonen mit größer werdenden Abständen

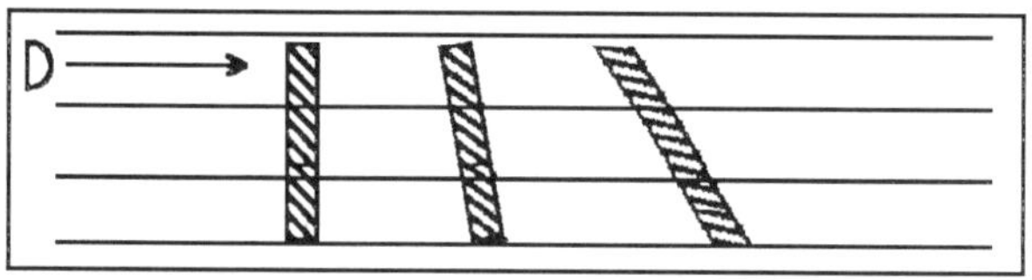

C. Lauf über querliegende Bodenmatten

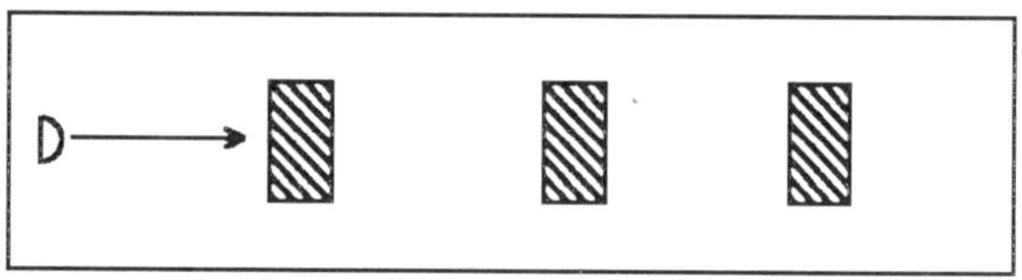

Lauf über höhere Hindernisse
Ausführung wie bei Lauf über flache Hindernisse; Abdruckstelle entspricht etwa der doppelten Hindernishöhe; Abspreizen des Nachziehbeines je nach Hindernishöhe

A. Lauf über kniehohe Hindernisse (Kartons etc.)

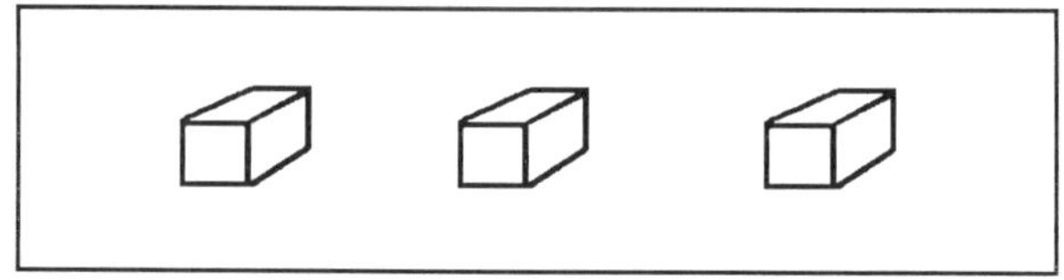

B. Lauf über Hindernisse von wechselnder Höhe (Karton, Bodenmatte, niedrige/hohe Hürde)

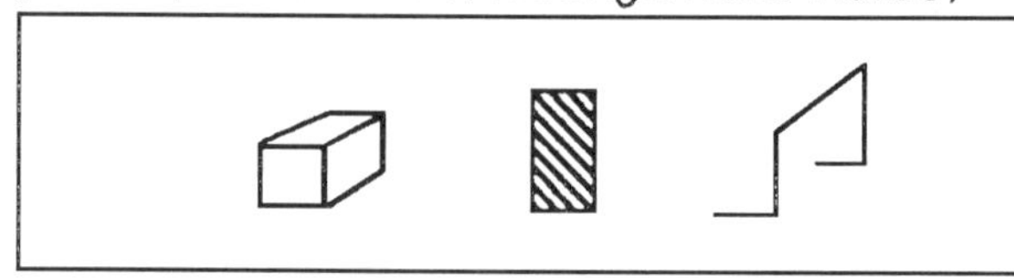

C. Lauf über zunehmend höhere Hindernisse

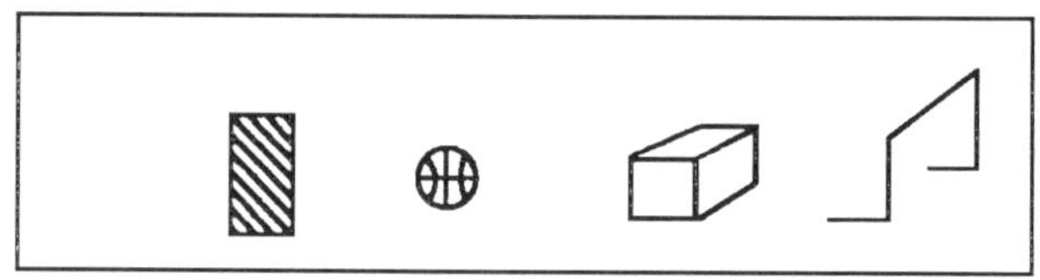

Wettkampfmaße

Strecke	Anzahl	Anlauf	Abstand	Auslauf	Höhe
Männlich					
M 12/13					
60m	6	11.50	7.50	11.00	0.762
M 14/15					
80m	7	13.50	8.60	14.90	0.840
M 16/17					
110m	10	13.72	9.14	14.02	0.914
Weiblich					
W 12/13					
60m	6	11.50	7.50	11.00	0.762
W 14/15					
80m	8	12.00	8.00	12.00	0.762
W 16/17					
100m	10	13.00	8.50	10.50	0.762

Hürdenlauf - Startübungen

Lernziel

Erfassen und Umsetzen der Besonderheiten des Hürdenstarts und des Startabschnittes

Sportanlagen und Geräte

- Laufbahn, Hartplatz, Hallenfläche
- Hürden, Kartons, Schaumgummiquader
- Markierungen

Methodisch-organisatorische Hinweise

- *Problem:* Der feste Abstand zur 1. Hürde erfordert entsprechende Anpassungen bezüglich des Blockabstandes zur Startlinie, der Position des Abdruckbeines, der Beckenhöhe in der Fertigposition, des zeitigen Aufrichtens im Startabschnitt, der Schrittanzahl zur 1. Hürde, einer Verkürzung des letzten Schrittes.
- Abläufe aus dem Hochstart und dem Tiefstart unterliegen unterschiedlichen Bedingungen.
- Starts immer mit dem Überlaufen von wenigstens drei Hürden verbinden.

Abläufe zur Ermittlung von Schrittzahl und Fußstellung

Aufstellung ca. 2-3 Fußlängen hinter der Startlinie in Schrittstellung; tiefe Hochstartposition mit Bodenkontakt der Hand des Gegenarmes; schnelles Ablaufen (auch auf Kommando) und Durchlaufen des Startabschnittes bis zur Abdruckmarkierung vor der 1. Hürde (niedrig) mit Überlaufen der Hürde

Hinweise:
- Es ist mit der festen Anlauflänge zu arbeiten.
- Es empfehlen sich schon hierbei Abläufe aus einer tiefen Position, um tiefstartähnlichen Bedingungen nahe zu kommen.
- Die Entfernung zwischen Abdruckstelle und Hürde sollte ca. das Doppelte der Hürdenhöhe betragen, die Schrittzahl in Abhängigkeit von Sprintvermögen und Körpergröße 8, 9 oder 10.
- Entsprechend der Schrittzahl ist beim Start entweder das Nachziehbein (8 und 10 Schritte) oder das Schwungbein (9 Schritte) vorn.
- Wegen der erforderlichen Verkürzung des letzten Schrittes vor dem Abdruck sind diese Ablaufübungen immer mit dem Überlaufen der 1. Hürde zu verbinden.

Tiefstarts und Überlaufen von Hürden

A. Übertragen und Anpassen der im Hochstart ermittelten Schrittmaße auf das Ablaufen aus dem Tiefstart

B. Tiefstart und Überlaufen von 3 niedrigen Hürden (Kniehöhe) mit Markierungen für die Abdruck- und Landestelle

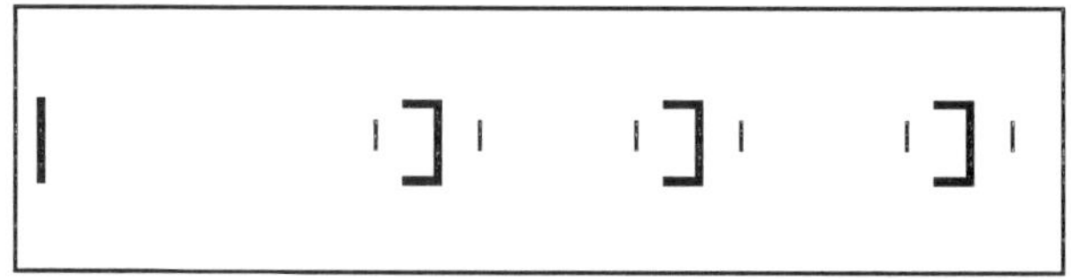

C. Tiefstart und Laufen über 3 höher werdende Hürden: Knie-, Schritt-, Wettkampfhöhe

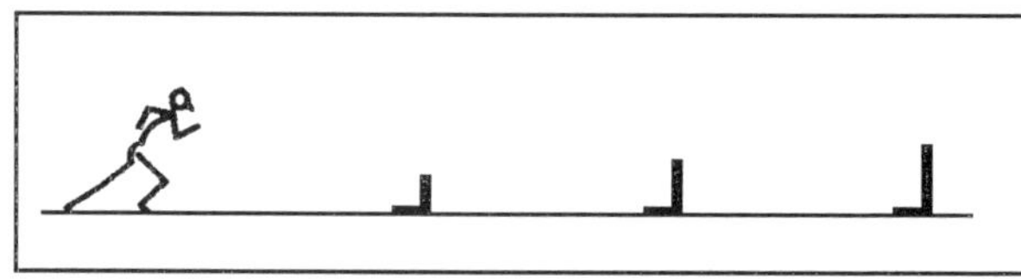

D. Tiefstart und Überlaufen von 3 in der Höhe variierten Hürden

E. Tiefstart und Überlaufen von 3 Hürden in Wettkampfhöhe

Hürdenlauf - Kraft und Beweglichkeit

Lernziel

Befähigung für wettkampforientierte Schüler hinsichtlich spezieller Beweglichkeits- und Kraftvoraussetzungen; Kraft ab Kl. 9/10

Sportanlagen und Geräte

- Laufbahn, Rasenfläche, Hallenfläche
- Hürden, Sprungkästen, Sandsäcke, Autoreifen, Hüftgurt
- Markierer

Methodisch-organisatorische Hinweise

Hürdenkraft

- erst nach der Pubertät angebracht
- vorausgesetzt werden gute allgemeine Kraftfähigkeiten
- gut erwärmen; Kraftarbeit mit Lockerung und Dehnung verbinden
- schnell und frequenzbetont arbeiten; nur geringe Zusatzlasten verwenden

Beweglichkeit

- vgl. Sprintlauf

Übungsbeispiele Beweglichkeit

(vgl. Sprintlauf)

- Hürdensitz links und rechts - Vorbeugen und Seitbeugen, Einnehmen der Rückenlage
- Hürdensitzwechsel
- Strecksitz - schnelles Zurücknehmen eines Beines in den Hürdensitz; wechselseitig
- Hocksitz - Öffnen der Knie und Rumpfbeugen vorwärts
- Grätschsitz - Rumpfablegen vorwärts
- Kniestand mit gegrätschten Beinen - Absitzen zwischen die Unterschenkel
- Ausfallschritt - Dehnübungen (Vorsicht!)
- Spagatschritt vorwärts - Dehnübungen (Vorsicht!)
- Stand - Abspreizen eines Knies zur Hürdenschrittposition; wechselseitig
- Stand - Kniehub und Ausschleudern des Unterschenkels gegen die Hürde; wechselseitig
- Auflegen des Schwungbeines auf die Hürde - Rumpfbeugen zum Schwungbein; am Schwungbein vorbei
- Auflegen des gebeugten Nachziehbeines - Rumpfbeugen zum Standbein; zum Nachziehbein

Übungsbeispiele Hürdenkraft
Um eine schnelle und frequenzbetonte Arbeit zu gewährleisten, ist es erforderlich
- den Gesamtumfang nicht zu hoch anzusetzen (etwa 3 oder 4 Übungen mit 2 bis 3 Durchgängen; 20 bis 30min Dauer - wobei die Anzahl der Wiederholungen je Durchgang vermindert werden sollte)
- mit geringen Zusatzlasten zu arbeiten
- nach jedem Durchgang eine ausreichende Pause (2 bis 4min) sowie Lockerungs- und Dehnübungen zwischenzuschalten

Sprunglauf
(frequenzbetont, Ballenabdruck und -landung)
2-3 Durchgänge mit abnehmender Wiederholungszahl von 15, 12, 10 Sprüngen

Einbeinsprünge
(frequenzbetont, Ballenabdruck und -landung)
Ausführung li-li-re-re-... oder
li-li-li-re-re-re-...
2-3 Durchgänge mit abnehmender Wiederholungszahl von 16, 12, 10 bzw. 18, 15, 12 Sprüngen

Kastensprünge
(30-40 cm Höhe; Ballenabdruck und -landung; geringes Kniebeugen)
2-3 Durchgänge von 12, 10, 8 Sprüngen

Tscherbakis
(Streckspünge in die Schrittposition aus dem Hockstand)
2-3 Durchgänge von 12, 8, 6 Sprüngen

Kniehebelauf
(hochfrequent, Ballenlauf)
2-3 Durchgänge von 40, 30, 25 Schritten

Hopserlauf (Ballenlaufsatz)
2-3 Durchgänge von 50m, 40m, 30m

Reifenläufe (sprintgemäß)
2-3 Läufe über 50m, 40m, 30m

Halbkniebeugen (gerader Rücken!)
- mit Zusatzlast (Sandsack) von 20-30% des Körpergewichtes
  2-3 x 20, 15, 12 Wiederholungen
- mit Zusatzlast von 50-60% des Körpergewichtes
  2-3 x 10, 8, 6 Wiederholungen

Technikwettkampf
Die Schüler laufen einzeln mehrmals über 3-5 Hürden (Anlauflänge laut Wettkampfbestimmungen, übrige Maße entsprechend dem Ausbildungsstand).
Eine Jury, bestehend aus 4-6 Schülern, bewertet die Ausführung der Bewegungsabläufe an Hand vorgegebener Merkmale in einer Dreierskala.
Die Jurymitglieder laufen selbst auch.

MERKMAL	gut (3)	mittel (2)	schlecht (1)
Anlauf	schnell genau	langsam genau	ungenau
Abdruck	Ballen		gesprungen
Überquerung Nachziehbein	ausgewinkelt flach	Nachziehbein zu zeitig	nicht ausgewinkelt
Landung	Ballen	ganze Sohle	Stolperer
Zwischen-hürdenlauf	3-Schritt-Rhythmus	4-Schritt-Rhythmus	unrhythmisch

Hürdenlauf - Wettbewerbe

Lernziel
Anwendung der Hürdentechniken in unterschiedlichen Wettbewerbsformen; Schulung des schnellen Laufens

Sportanlagen und Geräte
- Laufbahn, Hartplatz, Hallenfläche
- Hürden, Obstkartons, Schaumgummiquader
- Markierer, Stoppuhr

Methodisch-organisatorische Hinweise
- Einsatz von vielfältigen Wettbewerbsformen zur Auflockerung des statischen Wettkampfes
- Gestaltung der Wettbewerbe als Einzel- und Mannschaftswettbewerbe mit Wertung absoluter und relativer Leistungen
- für gute Erwärmung sorgen
- wegen der technischen Anforderungen nicht ermüdet beginnen
- Möglichkeiten für Technikfehler gering halten und Hürdenhöhe und -abstände sowie Startvariante je nach Ausbildungsstand festlegen, Anlauflänge nach Wettkampfbestimmungen - S.

Aufholjagd
2 gleich schnelle Schüler laufen gegeneinander; gegenüberliegende Starts; zur 1. Hürde Wettkampfabstand. Wer holt den Partner über 1, 2, 3 Runden ein bzw. wer überläuft dabei mehr Hürden?

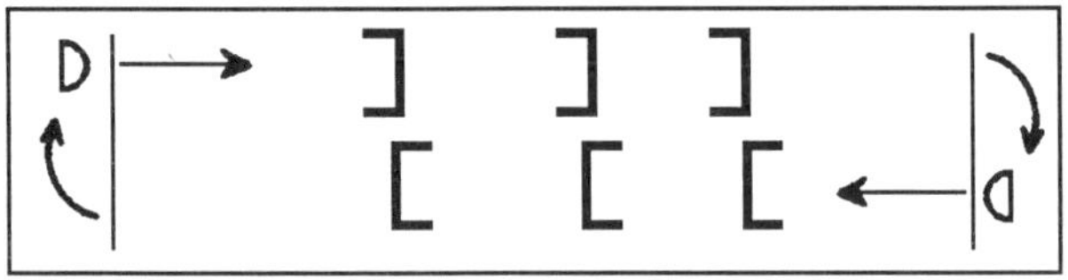

Hürdensprint gegen Flachsprint
2, 4, 6 etwa gleich schnelle Schüler laufen in einem Lauf - eine Hälfte über 50m mit 5 Hürden, die andere über 60m flach. Der Hürdenstart ist 10m vorgezogen, die Ziellinie gleich; Hürdenmaße usw. vgl. oben. 2, 4, 6 Läufe, ca. 5min Pause; Rollenwechsel nach jedem Lauf.
Wer erreicht die beste Gesamtzeit, niedrigste Platzpunktzahl?

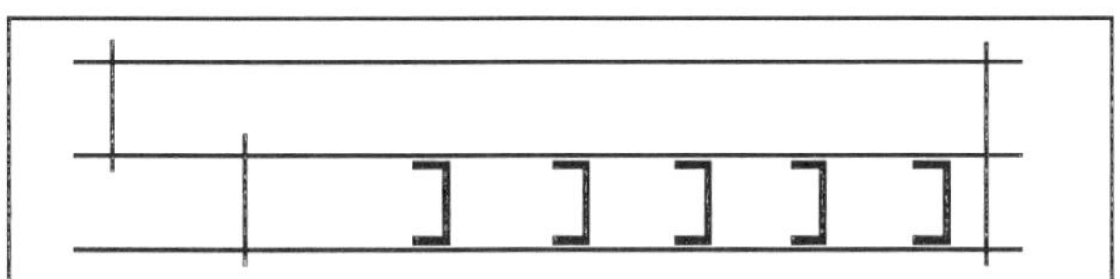

Läufe über unterschiedliche Hürdenbahnen
2 gleich schnelle Schüler laufen gegeneinander über 3 - 5 Hürden; Anlauflänge nach Wettkampfbestimmung; Hürdenhöhe und -abstand variiert; Rollenwechsel nach jedem Lauf.
Wer erreicht die bessere Gesamtzeit?

A. Wettkampfabstand/niedrige Höhe gegen Wettkampfhöhe/verkürzter Abstand
B. Wettkampfabstand/niedrige Höhe gegen Wettkampfabstand/zunehmende Höhe
C. 4 Hürden Wettkampfabstand/Wettkampfhöhe gegen 5 Hürden Wettkampfabstand/niedrigere Höhe

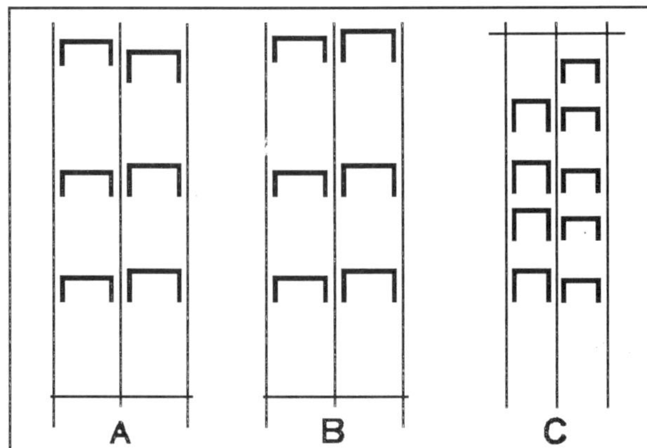

V. Ausdauerlauf

Grundlagen

Aerobe Ausdauer

Anaerobe Ausdauer

Wettbewerbsformen I

Wettbewerbsformen II

Notizen:

Technische Merkmale
(Besonderheiten gegenüber dem Sprintlauf)
- Aufsatz Mittelfuß dicht am Körperschwerpunkt, kurzzeitiger Bodenkontakt der Ferse
- optimale Beinstreckung in Abhängigkeit vom Lauftempo
- Auspendeln des Unterschenkels je nach Lauftempo unter der Waagerechten (langsam) bis zum Anfersen (Spurt)
- Kniehub in Abhängigkeit vom Lauftempo gering (langsam) bis etwa in die Waagerechte, Unterschenkelpendel ebenfalls sparsam
- Verwringung von Schulter- und Beckenachse in Abhängigkeit von der Schrittlänge deutlicher als beim Sprint
- Armbewegungen mit gebeugten Ellbogen in Abhängigkeit von der Schrittfrequenz sparsam
- aufrechte Körperhaltung bis leichte Vorlage

Ausdauerlauf - Grundlagen

Lernziel

Vermittlung von anwendungsbereitem Grundwissen zum Ausdauerlauf im Schulsport

Vorbemerkungen

Der Organismus von Schülern wird durch Ausdauerbelastungen nicht überfordert.
- Kinder sind Ausdauerleister - Herz, Kreislauf und Lunge sind von hoher Funktionsbreite, hoher Anteil von max. möglicher Sauerstoffaufnahme und Energiebereitstellung aus der Fettverbrennung unter Belastung
- Langzeitausdauerbelastung wirkt bei guter Vorbereitung nicht unmittelbar erschöpfend, Erholungsvorgänge laufen schnell ab
- eine Steigerung im Ausdauerniveau erhöht die Belastbarkeit und die Leistungsfähigkeit insgesamt
- für Entwicklung und Erhalt von Ausdauer, Leistungsfähigkeit und Gesundheit ist eine Ausdauerbelastung von 40 bis 60min pro Woche unabdingbar, in einer Unterrichtsstunde sollten es nicht mehr als 15min sein

Allgemeine Ausdauer
(auch nichtspezifische A.) ist die Fähigkeit,lange Zeit Bewegungen unter Einbeziehung vieler Muskelgruppen ausführen zu können. Sie wird über vielfältige Belastungen unterschiedlicher Intensität bei allgemeinen Körperübungen, zyklischen Bewegungen, Spielen ausgebildet.

Grundlagenausdauer
(auch spezifische Ausdauer; hier Laufausdauer) ist die Ermüdungswiderstandsfähigkeit bei Langzeitausdauerbelastungen, bestimmt vom Niveau der aeroben Kapazität (Herz-Kreislauf-, Atmungs-, Stoffwechselvorgänge), der Ökonomie der Bewegungen und der Willenskraft. Sie ist am wirkungsvollsten durch Ausdauerläufe ab 3 km Streckenlänge mit Geschwindigkeiten von 85-92% der Streckenbestleistungen zu entwickeln.

Langzeitausdauer(LZA)
Einteilung in drei Bereiche:
LZA I : 8-30 min; überwiegend Kohlehydratstoffwechsel
LZA II : 30 -90 min; allmählicher Übergang zu Fettstoffwechsel
LZA III : über 90 min; überw. Fettstoffwechsel

Mittelzeitausdauer
ist die Fähigkeit, über eine Zeit von 2-8 min in submaximaler bis hoher Geschwindigkeit laufen zu können. Ihr Niveau ist abhängig sowohl von aeroben als auch von anaeroben Energiebereitstellungsvorgängen und verlangt eine Kombination von langandauerndem und intensiven Lauftraining.

Bewertung der Ausdauerbelastung

Belastung	Pulsfrequenz	Atem-Schritt-Rhy.
niedrig	120 - 150	3-4 Schr. einatmen 3-4 Schr. ausatmen
mittel	160 - 180	3:3 bis 2:3
hoch	über 180	2:3 bis 2:2

Bewertung des Lernergebnisses

15-min-Test	Jungen		Mädchen	
Alter	gut	ausreich.	gut	ausreich.
10	3200 m	2600 m	2800 m	2400 m
11	3300 m	2700 m	3000 m	2500 m
12	3400 m	2800 m	3100 m	2600 m
13	3500 m	2900 m	3200 m	2700 m
14	3600 m	3000 m	3300 m	2800 m
15	3700 m	3100 m	3400 m	2900 m
16	3800 m	3200 m	3500 m	3000 m
17	3900 m	3200 m	3600 m	3000 m

Ausdauerlauf - Aerobe Ausdauer

Lernziel

Ausbildung der Fähigkeit, 20 bis 30 min ununterbrochen laufen zu können

Sportanlagen und Geräte

- Park- und Waldwege, Wiesen, offener Wald
- Laufbahn, Sportplatzfächen
- Markierer
- Stoppuhr

Methodisch-organisatorische Hinweise

- Ausdauer, insbesondere die aerobe, ist eine unerläßliche körperliche Grundfähigkeit.
- Ihre Ausbildung ist in hohem Maße einstellungsabhängig.
- Es empfiehlt sich eine abwechslungsreiche Vorgehensweise; auch Spiele, Schwimmen, Radfahren, Rudern, Paddeln, Skilaufen dienen der Ausdauerschulung.
- Sie ist koordinativ vielseitig, schrittweise und über einen längeren Zeitraum mit Geduld und Einfühlungsvermögen auszubilden.

Formen des Ausdauerlaufes zur Schulung der aeroben Ausdauer

Dauerlauf
Ununterbrochenes Laufen über eine vorgegebene Strecke oder Zeitdauer in gleichmäßig niedriger bis mäßiger Geschwindigkeit

Dauerlauf mit Tempowechsel
Ununterbrochenes Laufen über eine vorgegebene Strecke oder Zeitdauer unter Aneinanderreihung von Laufabschnitten in verschiedenen Geschwindigkeitsbereichen

Fahrtspiel (hier offenes oder freies Fahrtspiel)
Ununterbrochenes Laufen usw. (s.o.) unter Anpassung der Geschwindigkeit an die jeweiligen Geländeformen

Extensive Intervalläufe
Von Pausen (Trab- oder Gehpausen) unterbrochenes Laufen über unterschiedlich lange Strecken in mittlerer bis mäßiger Geschwindigkeit

Laufprogramm für Anfänger

(Gehen=G und Laufen=L in Minuten), mindestens zweimal wöchentlich

15 min

1. GGL GGL GGL GGL GLG
2. GL GL GGL GL GL GGL G
3. GL GL GL GGL GL GL GL
4. GL GL GL GL GL GL GL G

20 min

1. GLL GLL GLL GGLL GLL GLL G
2. GLL GLL GLL GLL GLL GLL GL
3. GLL GLLL GLLL GGLL GLL GL
4. GLLL GLL GLLL GLL GLLL GL

25 min

1. GLLL GLLL GLLL GGLLL GLLL GLLL
2. LLLL GLLL GLLLL GGLLL GLLL GLL
3. LLLL GLLL GLLLL GLLL GLLLL GLL
4. LLLLL GLLLL GLLLLL GLLLL GLLL

Dauerlauf nach Zeit

(mit oder ohne Pause)

1. 5 min Lauf - 5 min Pause - 5 min Lauf
2. 7 min Lauf - 5 min Pause - 3 min Lauf
3. 8 min Lauf - 5 min Pause - 7 min Lauf
4. 10 min Lauf - 5 min Pause - 5 min Lauf
5. 15 min Lauf
6. 12 min Lauf - 5 min Pause - 8 min Lauf
7. 15 min Lauf - 5 min Pause - 5 min Lauf
8. 20 min Lauf
9. 15 min Lauf - 5 min Pause - 10 min Lauf
10. 18 min Lauf - 5 min Pause - 7 min Lauf
11. 20 min Lauf - 5 min Pause - 5 min Lauf
12. 25 min Lauf

Beachten: in den Pausen nicht herumsitzen!

Varianten

- Führungswechsel nach jeder Minute oder nach 200-300m
- mit Streckenvorgabe für schwächere Läufer
- mit 30sec Temposteigerung gegen Laufende oder Antritt über 8-10 Schritte alle 3 min oder Steigerungslauf über 50-60m alle 5 min

Dauerlauf mit Streckenvorgabe

(in m)

Kl.	10 min	15 min	20 min	25 min
5/6	1.700-2.000	2.200 - 2.800		
7/8	1.800-2.200	2.500-3.000	3.000-3.600	
9/10	2.000-2.400	2.700-3.200	3.400-4.000	3.900-4.600

Es handelt sich dabei um ungefähre Vorgaben für Übungsläufe, nicht um Leistungskontrollwerte.

Ausdauerlauf - Anaerobe Ausdauer

Lernziel

Ausbildung der Fähigkeit, längere Strecken in hohem bzw. Sprintstrecken möglichst lange in höchstem Tempo laufen zu können

Sportanlagen und Geräte

- Laufbahn, Rasen- und Sportplatzflächen, Park- und Waldwege
- Markierer
- Stoppuhr

Methodisch-organisatorische Hinweise

- Ihre Ausbildung ist physiologisch erst mit dem Einsetzen der Pubertät möglich und nur unter der Voraussetzung einer guten aeroben Belastbarkeit einerseits und gut ausgebildeten Schnelligkeitsfähigkeiten andererseits sinnvoll.
- Hochintensive Tempolaufprogramme sollten selten angewandt werden.
- Wettkämpfe und gelegentliche Kontrollläufe über kürzere Strecken beeinflussen ihre Ausbildung eigentlich in ausreichendem Maße.

Formen des Laufens zur Schulung der anaeroben Ausdauer

Fahrtspiel (hier gebundenes Fahrtspiel)
ununterbrochenes Laufen über eine vorgegebene Strecke oder Zeitdauer in gleichmäßig niedriger bis mäßiger Geschwindigkeit mit festgelegten Abschnitten höherer Geschwindigkeit

Intensive Intervalläufe
von unvollständigen Pausen (aktive) unterbrochenes Laufen auf Teilstrecken der Wettkampfstrecke (Prüfungsstrecke) in hoher Geschwindigkeit (z.B. Wettkampftempo der längeren Strecke)

Kontroll- oder Wettkampfläufe
Laufen in der Streckenlänge und der individuellen Leistungsfähigkeit entsprechenden Höchstgeschwindigkeit

Wiederholungsläufe
wiederholtes Laufen in usw. (s.o.) Höchstgeschwindigkeit (etwa 2 oder 3 mal) mit Pausen bis zur vollständigen Erholung

Geeignete Übungen für die Ausbildung der anaeroben (Lauf-) Ausdauer sind
- Laufintensive Sportspiele wie Basketball, Fußball, Handball, Hockey
- Brennball
- Laufspiele (vgl. Schnelligkeitsausdauer, S ..)

Beispiele für Laufübungen
Dazu empfiehlt es sich, die Schüler in Leistungsgruppen einzuteilen.

Rundenlaufen mit Trabpausen
Die Schüler laufen in mittlerem bis hohem Tempo Runden auf der Laufbahn oder um die Spielfläche des Sportplatzes und legen je gelaufene Runde eine Runde Trabpause ein.
Beispiel: LT - LLTT - LLLTTT - LLTT - LT

Freies Fahrtspiel
Die Schüler laufen 15 bis 25 min auf Wegen in coupiertem Gelände und erhöhen oder verlangsamen ihr Lauftempo entsprechend den Geländeformen.

Gebundenes Fahrtspiel
Die Schüler laufen 15 bis 25 min mit mittlerem Tempo auf Wald-, Feld-, Parkwegen und streuen Laufabschnitte mit höherem Tempo ein.

Läufe mit Endspurt
Die Schüler laufen auf der Bahn oder auf Wegen im Gelände mehrmals (3-6 mal) Strecken über 300m bis 600m Länge ohne Zeitvorgabe und verschärfen auf den letzten 50m/100m/150m (je nach Leistungsstärke) das Tempo.
Nach jedem Lauf ist eine Trabpause von 2-5 min Dauer einzulegen.

Tempoläufe (Klassen 9 und 10)
Die Schüler laufen einzelne Strecken oder Strecken mehrmals mit Zeitvorgaben. Die Streckenlänge entspricht Teilstrecken einer längeren Wettkampfstrecke, die Zeitvorgabe etwa dem Renntempo,
z.B. 1 x 2000m in 8-9 (-10) min
1 x 1000m in 3,5-4,5 (-5) min
2 x 600m in 2-3 min; ca. 5 min Pause
3 x 400m in 80-120 sec; ca. 3 min Pause
4 x 300m in 55-90 sec; ca. 3 min Pause
6 x 200m in 35-50 sec; ca. 2-3 min Pause

Schnelle Dauerläufe (Klassen 9 und 10)
Auf kürzeren Strecken (ca. 2 bis 3km) wird mit höherem als sonst üblichem Tempo gelaufen.

Testlauf über 15 Minuten
Bewertung entsprechend S. 74

Ausdauer - Wettbewerbsformen I

Lernziel

Ausbildung bzw. Erhalt der aeroben und anaeroben Laufausdauer unter Verwendung von wettbewerbsnah gestalteten Varianten des ausdauernden Laufens

Sportanlagen und Geräte

- Laufbahn, Spielfeld, Rasenflächen, Park-, Wald- und Feldwege, offener Hochwald
- Markierungen wie Malstangen, Kegel, Linien, Sägespäne, Papier- oder Plastestreifen
- Uhr; Pläne von Parks oder Waldgebieten

Methodisch-organisatorische Hinweise

- bei der Ausdauerschulung abwechslungsreich vorgehen
- Streckenlängen, Zeiten, Geschwindigkeiten so vorgeben, daß sie physiologisch den Ausbildungsabsichten entsprechen und das erreichte Leistungsniveau der Schüler berücksichtigen
- vgl. auch Ausführungen zu Schnelligkeitsausdauer

Cross-Lauf

Der Lehrer wählt im Gelände eine Strecke aus, die auf engem Raum (ca. 400-600m) vielfältige Oberflächenformen aufweist - z.B. längerer flacher Anstieg, kurze wellenförmige Anstiege, steiler Anstieg, Böschung, Abbruch zum Tiefsprung, Trockengräben und Baumstämme zum Überspringen, hohes Gras, tiefer Sandboden usw. - und markiert darauf eine Cross-Strecke. Darauf kann sowohl im aeroben als auch im anaeroben Bereich gelaufen werden.

Schnitzeljagd

Schülergruppe A markiert eine Laufstrecke auf Wald- oder Parkwegen mit Papier- oder Plastestreifen an Bäumen und Büschen. Sie erhält dafür eine vorgegebene Zeit (z.B. 15 oder 20 min) und beendet danach das Markieren. Schülergruppe B läuft einige Minuten später nach, bis sie A erreicht bzw. eingeholt hat (dabei die Markierungen entfernen).
Rollentausch.
Welche Gruppe holt die „Bahnleger“ schneller ein/erreicht sie schneller?

Viereckslauf
Es werden ineinander geschachtelte Quadrate von unterschiedlicher Seitenlänge (z.B. 35m, 40m, 45m, 50m, 55m) markiert. Die Schüler umlaufen in einer festgelegten Zeit je nach Leistungsfähigkeit unterschiedliche Quadrate.
Beispiele:
Aerobe Ausdauer: 10/12/15 Runden Laufen mit einer Zeitvorgabe von 1 min je Runde entspricht bei 35m Seitenlänge einer Geschwindigkeit von 2,3m/sec, bei 50m 3,3m/sec.
Anaerobe Ausdauer: 4-6 Runden laufen mit einer Zeitvorgabe von ca. 35-40 sec je Runde im Wechsel mit einer Runde langsamen Trabens

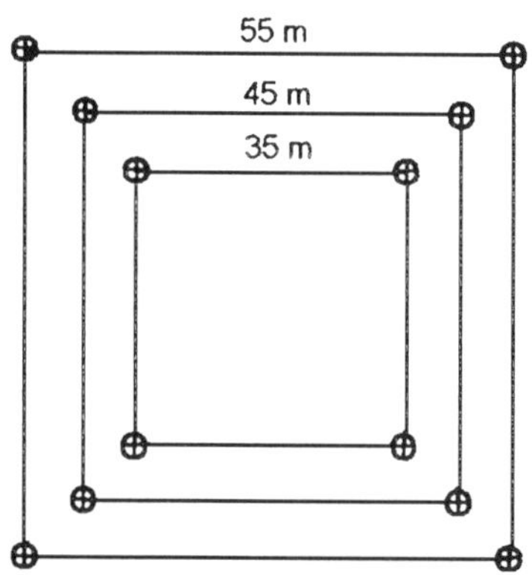

Dreieckslaufen
Die ineinander geschachtelten Dreiecke haben zweckmäßigerweise eine Seitenlänge von 50, 60 und 70m. Es wird verfahren wie beim Viereckslauf.

Tempowechsellauf
Mehrere Gruppen von Schülern werden gleichmäßig auf eine Rundstrecke verteilt und laufen in mäßigem bis mittlerem Tempo. Gruppe A läuft zügig zu Gruppe B auf, Gruppe B auf Gruppe C usw. Nach dem zügigen Auflaufen läuft die Gruppe in mäßigem bis mittleren Tempo weiter, bis sie wieder von einer Gruppe erreicht wird und zügig zur vor ihr laufenden Gruppe aufläuft.
Dauer: 10, 12, 15 min

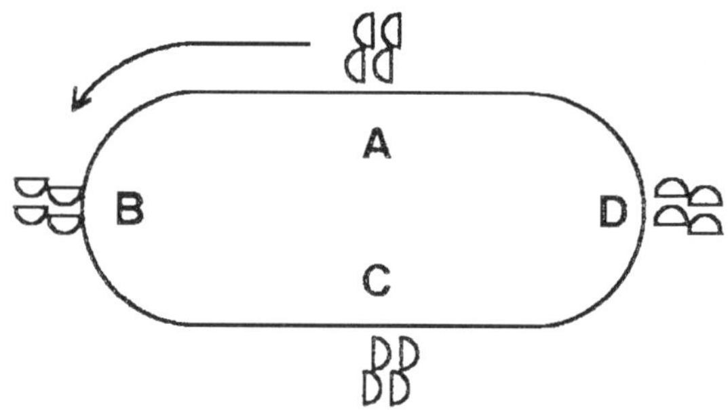

Ausdauerlauf in der Halle
Laufen in der Doppelacht
Markierung von 2 ineinander verschachtelten Achten.
Tempowechselläufe - z. B. große Acht schneller, kleine Acht langsamer laufen

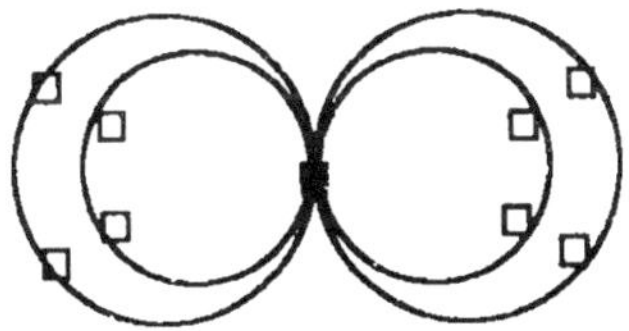

Laufen in der „Achtzig"
Markierung einer Runde (0) und einer darin liegenden Acht (8 = „80")
Tempowechselläufe - z. B. 3 schnellere Runden, 2 langsamere Achten

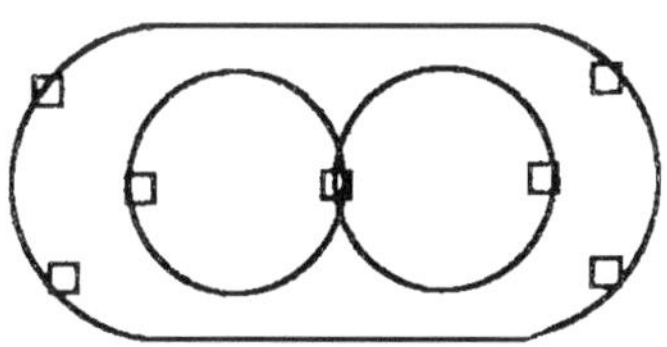

Ausdauer - Wettbewerbsformen II

Lernziel
Sportanlagen und Geräte
Methodisch-organisatorische Hinweise
siehe Ausdauer - Wettbewerbe I

Streckenwahl („Auf getrennten Wegen")
Die Schüler werden in Leistungsgruppen eingeteilt. Sie laufen in bekanntem Gelände auf getrennten Wegen zu einem bekannten Treffpunkt, der vom Startplatz aus nicht einsehbar ist. Zum Ausgleich des unterschiedlichen Leistungsvermögens ist zunächst auf festgelegten Pflichtstrecken zu laufen, bevor jede Gruppe den ihrer Ansicht günstigsten Laufweg wählt.
Dauer des Laufens beträgt etwa 12 - 20 min.

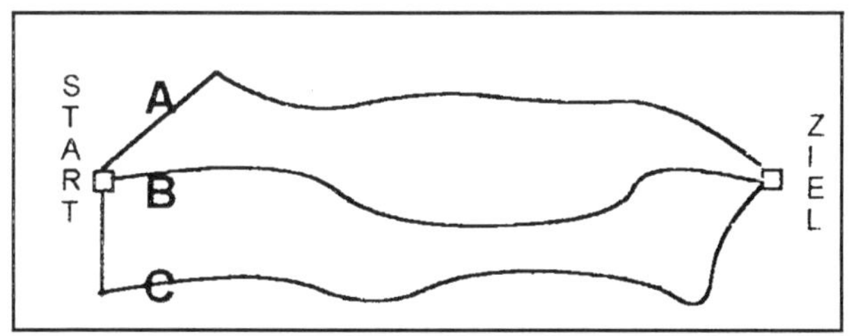

Zeitschätzlauf 1

Schülergruppen (nach Leistungsstärke zusammengestellt) laufen im Dauerlauf auf Park- oder Waldwegen von einem gemeinsamen Start- / Zielplatz in unterschiedliche Richtungen. Sie erhalten eine Laufzeit vorgegeben, nach der sie sich wieder am Ausgangspunkt einzufinden haben. Die Aufgabe besteht darin, ohne Benutzung einer Uhr die Zeitvorgabe möglichst genau einzuhalten.

Zeitschätzlauf 2

Die Schüler laufen im Dauerlauf kreuz und quer auf dem Sportplatz herum und finden sich nach Ablauf der vorgegebenen Zeitdauer möglichst pünktlich beim Lehrer ein, ohne auf eine Uhr sehen zu können.

Wer schätzt die Zeit am genauesten?

Zeitschätzlauf 3

Es werden Läufe über 200 m oder 300 m ausgetragen (4-6x200m, 3-5x300m mit 2-4 min Trab- und Gehpausen). Die Schüler laufen in Gruppen. Sie schätzen die von ihnen gelaufenen Zeiten. Die Differenzen zu den tatsächlichen Laufzeiten werden addiert.

Wer hat seine Laufzeiten am genauesten geschätzt?

Schattenlaufen

Gleich schnelle Schüler üben paarweise. Ein Schüler führt mit Tempo- und Richtungsänderungen. Der Verfolger versucht, immer im Schattenbild des Führenden zu laufen.

Lauftempo: mittel bis hoch; Laufzeit: ca. 30-60 sec; Rollentausch 2-6 mal mit kurzer Erholungspause (2-3 min Traben und Gehen)

Simultanlaufen

2 Gruppen von etwa gleich schnellen Schülern starten an gegenüber liegenden Stellen einer Rundbahn. Eine Gruppe führt den Lauf unter ständigem Tempowechsel, die andere Gruppe versucht, immer gegenüber der führenden Gruppe zu bleiben.

Rollentausch nach 2-3 Runden. Gehpause

VI. Orientierungslauf

Einführung

Übungen ohne Kompaß

Kompaßübungen

Übungen I

Übungen II

Notizen:

Kompaß
Es sei empfohlen, Flüssigkeitskompasse mit durchsichtiger Grundplatte und Dose, letztere drehbar, zu beschaffen. Die Flüssigkeit sollte sehr träge sein und deswegen ein schnelles Einschwingen der Kompaßnadel bewirken.
Markierungen für den Postenstandort
Behelfsmäßig können Trassierband, Papierstreifen, Papptafeln angebracht werden. Im Original wird jedoch der Postenschirm verwendet. Er besteht aus drei quadratischen Flächen (30x30 cm), von li. unten nach re. oben diagonal geteilt und in Dreiecksform zusammengefügt. Die li. obere Ecke jeder Fläche ist weiß, die re. untere Ecke orangefarben. Angebracht wird er an der Postenbank, bestehend aus 2 Stützen und darauf eine waagerechte Leiste. Der Schirm kann aber auch frei hängen. Der Posten ist durch eine Codezahl eindeutig gekennzeichnet.
Kontrolle des Anlaufens der Posten durch
Abdrücke von Postenzangen oder Übertragung von Zeichen am Posten auf mitgeführter Karte bzw. Mitnahme von am Posten angebrachten Gegenständen oder Abreißzetteln

Orientierungslauf - Einführung

Lernziel
Motivation des ausdauernden Laufens durch die Verbindung mit „Suchen“ und „Finden“; Erprobung geistiger Fähigkeiten wie Aufmerksamkeit, Konzentrationsfähigkeit, Beobachtungsgabe, Kombinationsvermögen, Entschlußfähigkeit unter den Bedingungen körperlicher Belastung

---

Methodisch-organisatorische Hinweise
- allererste orientierungslaufähnliche Versuche sind ohne topographische Kenntnisse und ohne Kartenmaterial möglich
- Umfang und Schwierigkeitsgrad des Einsatzes im Sportunterricht ist in erster Linie abhängig vom vorhandenen Gelände
- für die Arbeit im Gelände empfehlen sich aus Gesichtspunkten der Zeitausnutzung Doppelstunden
- anfangs sollte außerhalb des Schulgeländes in Zweier- oder Dreiergruppen geübt werden
- die Schüler sollten Uhren bei sich haben, um Treffzeiten vereinbaren zu können

Bedingungen
Erste Orientierungslaufübungen können in der Turnhalle, eventuell auch im Schulgebäude (Störungen !!), auf dem Schulgelände oder dem Sportplatz mit dem umgebenden Gelände erfolgen. Später verlegt man die Übungen in einen in der Nähe gelegenen Park oder Wald (Erlaubnis der zuständigen Behörde bzw. des Eigentümers einholen!). Ausreichend wäre zunächst ein Gebiet von ca. 500m mal 500m. Bei der Nutzung von größeren Flächen müssen den Schülern bestimmte Begrenzungen (z.B. See, Bach, Bahndamm, Acker, Wiese, Weg, Straße) vorgegeben werden, über die hinaus sie sich nicht begeben. Das Gelände sollte möglichst unübersichtlich sein und viele Laufmöglichkeiten zulassen. Es könnte zuerst durch Cross-Läufe ohne Orientierungsaufgaben „erkundet" werden.

Kartenmaterial
Zur Darstellung der in Frage kommenden Objekte können Bau- und Lagepläne von Schulgebäuden, Turnhalle, Schulgelände, Sportplatz und Umgebung usw. dienen bzw. Ausschnitte davon, die man aus vorhandenem Planmaterial gewinnt oder als einfache Skizze selbst anfertigt. Unerläßlich ist, daß die Nordrichtung und der Maßstab darauf eingetragen sind. Letzterer sollte ein möglichst groß gewählt werden (1:5000, 1:2500, 1:1000). Beim Kopieren vorhandener Pläne kann man das durch entsprechendes Vergrößern oder Verkleinern problemlos bewerkstelligen.
Für die Arbeit im Gelände sind bei den kommunalen Verwaltungen in der Regel farbige oder schwarz-weiße topografische Karten im Maßstab 1:10000 erhältlich, aus denen man die interessierenden Gebiete herauskopieren kann. Am günstigsten ist es jedoch, wenn man Zugang zu speziellen Orientierungslaufkarten hat. Diese Karten sind vierfarbig, dazu werden schwarz und weiß verwendet, haben zumeist einen Maßstab von 1:15000 und enthalten solche Details, die für das Orientieren interessant sind. Es empfiehlt sich, Farbkarten fest in Folie einzuschweißen,um sie vielfach zu verwenden. Postenstandorte werden mit Folienstift eingetragen und können wieder gelöscht werden. Mit Computer Karten zu zeichnen, ist wegen notwendiger Geländearbeiten sehr aufwendig.

Gedächtnis-OL

Material: - Kopien von Lageplänen / OL-Karten
- Postenmarkierungen mit Code
- Papier, Stifte, Schreibunterlagen

Idee: Die Schüler laufen nach Einsicht in den Plan/ die Karte von bekanntem Gelände Postenstandorte (P) nach dem Gedächtnis an.

Ablauf: In bekanntem Gelände werden P markiert. Der Postenplan wird am Start (S) ausgelegt. Von S darf das Gelände nicht einsehbar sein. S ist einzuzeichnen. Nach Einsicht in den Plan / die Karte laufen die Schüler aus dem Gedächtnis einen (oder 2) P an, merken sich den Code, laufen zu S zurück, notieren Postenobjekt und Code. Nach erneuter Ansicht des Planes wird der nächste P angelaufen usw.
Wegen des Massenstartes sollten die Schüler als erstes einen zugewiesenen P anlaufen. Um die Schwierigkeit zu erhöhen, kann auch gefordert werden, die P aus dem Gedächtnis auf eine eigene Kopie des Planes zu übertragen.

Wertung: - Zeit für das Anlaufen aller P
- Anzahl angelaufener P während einer vorgegebenen Zeit
- wie oben, jedoch unter Berücksichtigung der Übertragungsgenauigkeit

Orientierungslauf - Übungen ohne Kompaß

Lernziel

Zusammenführung von ausdauerndem Laufen, Gedächtnisleistungen, Abstraktionsvermögen

---

Rechenaufgaben lösen

Material: - Karten mit Rechenaufgaben
- Papier, Stifte, Unterlagen zum Registrieren der Lösungen

Idee: Die Schüler laufen und lösen dabei Rechenaufgaben (Kettenaufgaben)

Ablauf: Die Schüler (einzeln, Gruppen) erhalten Aufgabenkarten, laufen vom Start (S) eine Strecke (Runde, Pendelstrecke) auf dem Hof, dem Platz, in der Halle und rechnen dabei. Bei S wird das Ergebnis notiert, eine neue Karte empfangen und erneut gelaufen usw.

Wertung: - Zeit für das Lösen einer bestimmten Anzahl von Aufgaben zuzüglich einer Strafzeit oder die Zeit für eine Strafrunde für ein falsches Resultat
- Anzahl der richtig gelösten Aufgaben während einer vorgegebenen Zeit

Postenstandorte übertragen

Material: - Kopien von Karten, Plänen oder Computer-Grafiken
- Stifte, Schreibunterlagen

Idee: Die Schüler laufen, merken sich die Lage von Postenstandorten (P) auf einer vorbereiteten Kopie und übertragen diese nach erneutem Lauf auf ihre eigene Kopie.

Ablauf: Die Schüler (einzeln, Gruppen) laufen vom Start (S) auf dem Hof, dem Platz, in der Halle zum Ziel (Z). Bei Z sind Kopien mit einer großen Anzahl von P ausgelegt. Die Schüler merken sich die Lage von einem/mehreren P, laufen zurück zu S, übertragen P genau auf ihre Kopie, laufen wieder zu Z usw.

Wertung: - Zeit für die Übertragung aller P zuzüglich von Strafzeit für Ungenauigkeiten
- Anzahl von genau übertragenen P während einer vorgegebenen Zeit

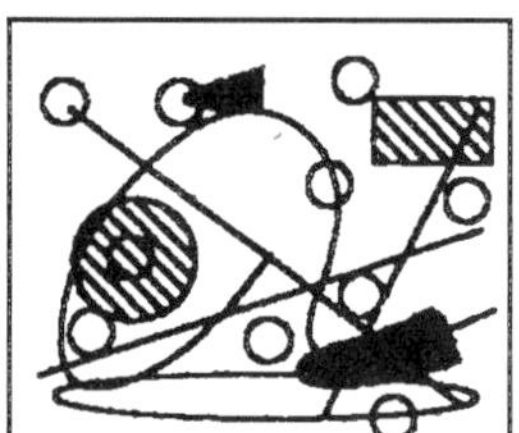

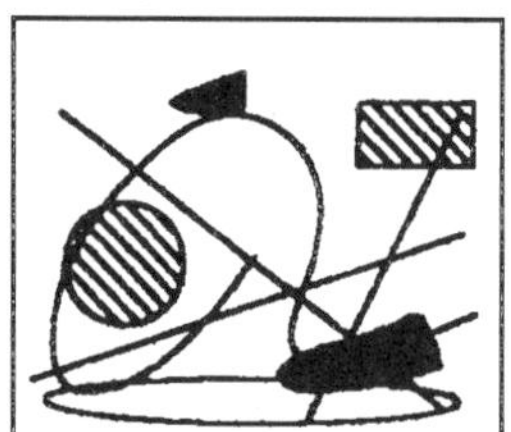

Posten finden und übertragen

Material: - Kopien von Lageplänen
- Postenmarkierungen
- Stifte, Schreibunterlagen

Idee: Die Schüler suchen auf einer begrenzten Fläche Posten und übertragen sie in den Plan.

Ablauf: Die Schüler (einzeln, Gruppen) haben einen Lageplan der Halle, des Hofes, Platzes, Schulgebäudes. Sie laufen dort verteilte Posten an und übertragen deren Standorte lagegenau auf ihren Lageplan.

Wertung: - Zeit für das Anlaufen und Übertragen der Postenstandorte zuzüglich Strafzeiten für Ungenauigkeiten
- Anzahl der genau übertragenen Postenstandorte während einer vorgegebenen Zeit

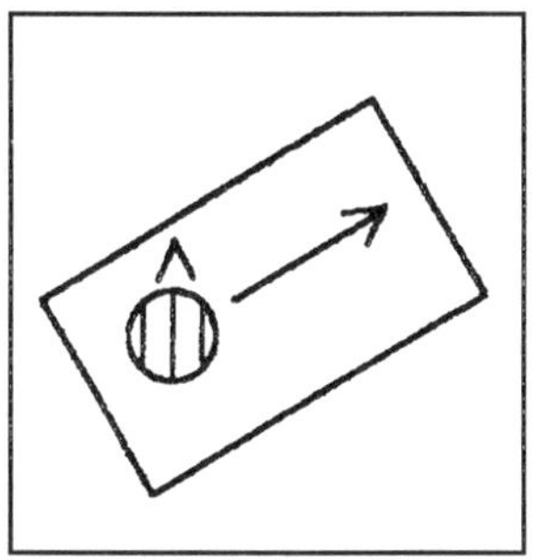

Orientierungslauf - Kompaßübungen

Lernziel
Erlernen und Üben des sportgerechten Umganges mit Karte und Kompaß

Laufrichtung bestimmen

Material: - Kopien von Lageplänen / OL-Karten
- Postenmarkierungen
- Kompasse

Idee: Die Schüler üben im Gelände mit Plan / Karte und Kompaß das Bestimmen der Laufrichtung und überprüfen dessen Genauigkeit.

Ablauf: In offenem bekannten Gelände (Schul-, Sportplatzgelände) werden Postenstandorte markiert (unauffällig, erst in unmittelbarer Nähe sichtbar). Sie werden den Schülern nicht beschrieben. Die Schüler (einzeln, Paare) erhalten die Karte dieses Geländes mit eingezeichnetem Start (S) und den Postenstandorten (P), bestimmen mittels des Kompasses die jeweilige Laufrichtung von S nach P1, laufen zu P1 usw.

Arbeitsschritte:

1. Der Kompaß wird so auf die Karte gelegt, daß die Visiereinrichtung der Grundplatte auf P1 zeigt und eine ihrer Längskanten S und P1 verbindet. - Abb. 1

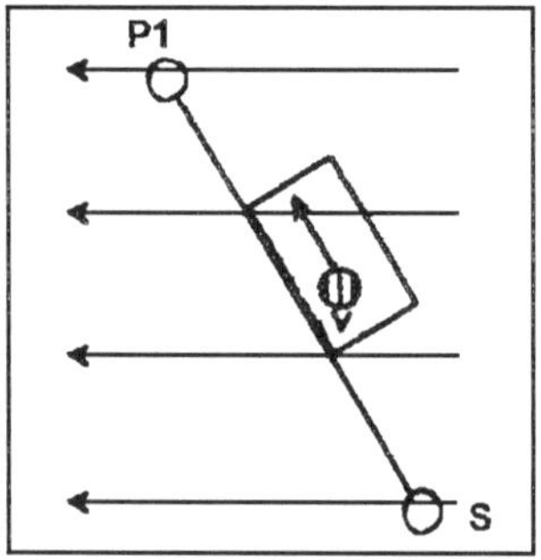

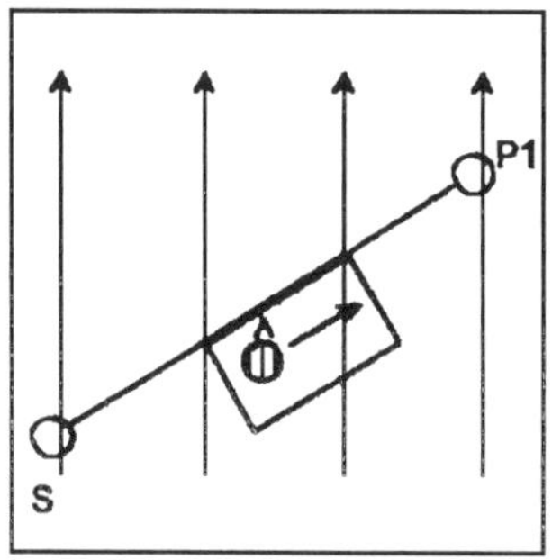

2. Man dreht die Kapsel des Kompasses so, daß die Richtungslinien an ihrem Boden parallel zu den Nordlinien des Planes verlaufen, wobei Kompaß- und Kartennord in die gleiche Richtung weisen müssen. - (Abb. 2).

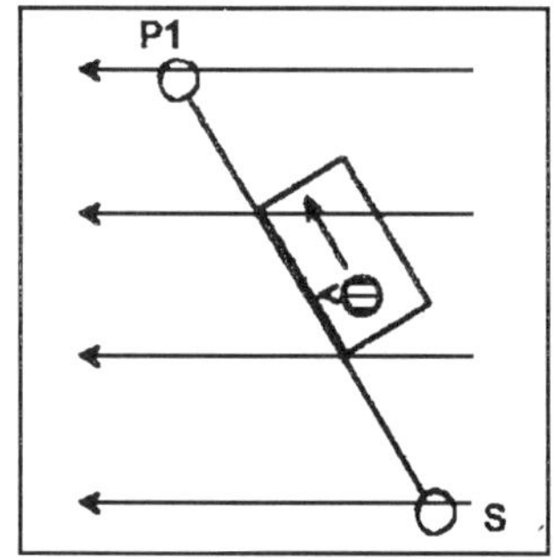

3. Karte und Kompaß werden gedreht, bis die Kompaßnadel mit Nord auf Karten- und Kompaßnord weist. Der Kompaß darf dabei auf der Karte nicht verrutschen. - Abb. 3

4. Der Kompaß wird von der Karte genommen. Wenn die Kompaßnadel mit Nord auf Kompaßnord weist, zeigt die Visiereinrichtung auf der Grundplatte die Laufrichtung an. - Abb. 4 b.w.

Orientierungslauf - Übungen I

Lernziel

Üben und Anwenden des sportgerechten Umganges mit Karte und Kompaß

„Weißes Blatt“ (Fortsetzung li. oben)

Material: - Kopien von Lageplänen/OL-Karten
- „Weißes Blatt“ mit maßstabgerecht übertragenen Postenstandorten
- Kompasse

Idee: Die Schüler üben in bekanntem Gelände mit einem „weißen Blatt“ und dem Kompaß das Bestimmen der Laufrichtung.

Ablauf: In bekanntem Gelände (offen) werden unauffällig Postenstandorte (P) markiert. Die P und der Start (S) werden von der Karte genau auf ein Blatt Papier übertragen, auf dem außer den Nordlinien und dem Maßstab keine topografischen Angaben zu finden sind.

Die Schüler (einzeln, Paare) erhalten ein solches „weißes Blatt“, bestimmen mittels des Kompasses die jeweilige Laufrichtung, errechnen aus gemessenem Abstand und Maßstab die Entfernung zwischen den Posten, laufen den Posten zur Kontrolle an usw.. Um einen Massenstart zu ermöglichen, sollte für die Schüler eine gesonderte Anlaufreihenfolge festgelegt werden.

Wertung: ohne; die Genauigkeit in Richtung u. Entfernung kann selbst kontrolliert werden.

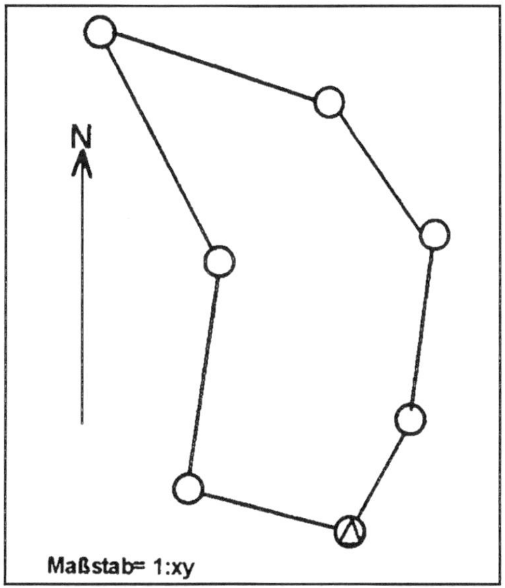

Lauf nach Marschrichtungszahlen

Material: - Blatt mit eingezeichneter Laufroute und Angaben zu Richtung und Entfernung
- Markierungen für markante Punkte
- Kompasse

Idee: Die Schüler laufen vom Start zum Ziel unter mehrfachem Ändern der Laufrichtung. Sie stellen die Laufrichtung anhand der vorgegebenen Marschrichtungszahlen auf dem Kompaß ein (eine Marschrichtungszahl entspricht 6°; OST=MRZ 15; SÜD=MRZ 30 usw.)

Ablauf: Die Strecke führt auf Wegen durch bedecktes Gelände. Die Schüler (kleine Gruppen) erhalten eine Streckenskizze mit Angaben zur jeweiligen Laufrichtung in MRZ und zur Entfernung zwischen den Punkten, an denen sich die Laufrichtung ändert. Solche Punkte können zur Erleichterung beschrieben oder markiert sein. Es können erschwerend auch andere Punkte an der Strecke markiert sein. Der Start erfolgt zeitversetzt mit 3 min Abstand

Einstellen und Laufen nach MRZ: Die MRZ wird in Grad umgerechnet. Die Dose des Kompasses wird so gedreht, daß die errechnete Gradzahl auf die Visiereinrichtung der Grundplatte weist. Diese zeigt in Laufrichtung, wenn die Nordspitze der Nadel auf Kompaßnord gerichtet ist.

Wertung: - Laufzeit

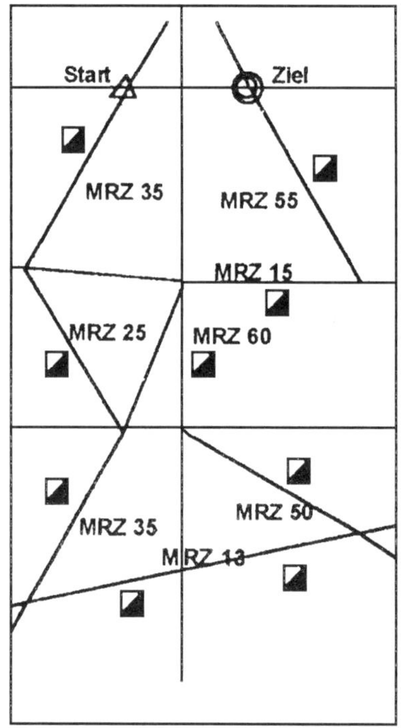

	MRZ	m
1	35	130
2	25	120
3	35	130
4	13	220
5	50	130
6	60	95
7	15	115
8	55	145

Schmetterlingslauf

Material: - Kartenmaterial mit eingezeichneten Postenstandorten
- Postenmarkierungen mit Code
- Kompasse, Stifte, Startkarten

Idee: Die Schüler laufen ausdauernd auf Dreiecksbahnen (diese fügen sich zu „Schmetterlingen") und üben das Orientieren.

Ausführung: Die Schüler (einzeln, zu Paaren) erhalten Karten mit eingezeichnetem Postennetz und unterschiedlichen Anlaufreihenfolgen.

Wertung: Zeit

Hinweis: sternförmige Anordnung der P um einen zentralen Punkt; Entfernungen vgl. Postenstaffette; Anlaufreihenfolge erzeugt Dreiecksbahnen und Schmetterlinge; wiederholtes Laufen über den zentralen Punkt ermöglicht Hilfe und Kontrolle durch den Lehrer.

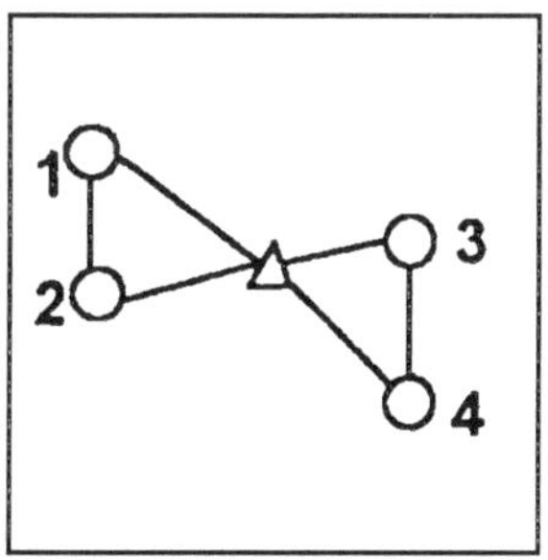

Orientierungslauf - Übungen

Lernziel

Befähigung zur Anwendung orientierungstechnischer Verfahren unter Ausdauerbelastung

Linienlauf 1

Material: - Kopien von Karten / OL-Karten mit eingezeichneter Bahn und Postenstandorten
- Postenmarkierungen mit Code
- Kompasse, Stifte, Startkarten

Idee: Die Schüler folgen auf Wegen einer auf der Karte eingetragenen Route und übertragen den Code von auszuwählenden Posten.

Ablauf: Im Gelände werden an Wegen Posten gehängt, jedoch nicht alle eingezeichnet. Die Schüler (einzeln, kleine Gruppen) erhalten die Karten, folgen im Gelände der Route (Kompaß verwenden), übertragen den Code nur der Posten, die in der Karte eingetragen sind.

Wertung: Laufzeit zuzüglich Strafzeiten für falsche Codes

Hinweis: Zeitversetzter Start, Zusatzaufgaben, Schüler können die Route selbst einzeichnen, Streckenlängen altersabhängig 3 - 5 km

Linienlauf 2

Material: - Kartenmaterial mit eingezeichneter Laufroute (keine Posten!)
- Postenmarkierungen
- Kompasse, Stecknadeln, Stifte

Idee: Die Schüler folgen der auf der Karte eingezeichneten Strecke und übertragen die vorgefundenen Postenstandorte in die Karte.

Ablauf: Im Gelände werden entlang markanter Objekte (Wege, Schneisen, Bäche, Zäune, Feldränder usw.) Posten angebracht. Die Schüler erhalten die Karten mit der eingezeichneten Laufroute, der sie im Gelände zu folgen haben. Die Standorte der an der Route aufgefundenen Posten sind auf der Karte zu markieren (Nadelstich, Punkt).

Wertung: Laufzeit zuzüglich Strafzeiten für ungenaues Markieren der Postenstandorte

Hinweise: Zeitversetzter Start, Zusatzaufgaben sind möglich, Schüler können Laufroute nach dem Start auch selbst in ihre Karte einzeichnen (erfordert Exaktheit)

Laufstrecke altersabhängig 3 - 5 km

Postenstaffette

Material: - Kartenmaterial mit eingezeichneter Bahn und Postenstandorten
- Postenmarkierungen
- Kompasse

Idee: Die Schüler laufen ausdauernd und üben sich als Mannschaft im Markieren und Auffinden von Postenstandorten (P).

Ablauf: Es werden Mannschaften (auch Paare) gebildet und diese in zwei Gruppen geteilt. Jede Mannschaft erhält eine Karte mit eingetragenen Postenstandorten. Diese können zu Anfang im Gelände unauffällig markiert sein. Gruppe 1 trägt einen Postenschirm zu P1, läuft zum Start zu zurück und übergibt Gruppe 2 die Karte. Gruppe 2 läuft zu P1, trägt den Postenschirm von P1 zu P2 und läuft dann zum Start zurück usw.

Wertung: Laufzeit

Hinweise: Die P sternförmig um einen zentralen Punkt (z.B. Wegkreuzung) legen; Entfernung zu den P ca. 200 - 300 m, zwischen den P ca. 100 - 150 m; Massenstart bei Vorgabe unterschiedlicher erster Anlaufpunkte und Anlaufreihenfolge je Mannschaft

VII. Weitsprung

Technik

Anlauf

Absprung

Landung

Sprungkraft

Wettbewerbe

Notizen:

Übungsreihe zur technischen Ausbildung
1. **Sprunglauf** - Aneinanderreihung einbeiniger horizontaler Absprünge mit ganzsohligem Fußaufsatz, vollkommener Absprungstreckung, Einnehmen der typischen Schrittstellung und diagonalem Armeinsatz aus geringem Tempo
2. **Steigsprung** - einbeiniger Absprung aus 5 bis 9 Schritten Anlauf in die Schrittstellung unter Vernachlässigung von Flug und Landung (einbeinige Landung, auch erhöhter Absprung)
3. **Schrittweitsprung** - aus ca. 9 Anlaufschritten von erhöhter Absprungstelle zur Entwicklung der Gesamtbewegung unter Erleichterung
4. **Schrittweitsprung** - von niveaugleicher Absprungstelle mit immer länger und schneller werdendem Anlauf

Metodisch-organisatorische Hinweise
- Mittelpunkt ist die Anlauf-Absprung-Schulung
- das Umsetzen hoher Geschwindigkeiten setzt einen langen Anlauf voraus
- zunächst aus einer Absprungzone springen, fördert Sicherheit und aktives Abspringen
- Steigern der Anforderungen bedeudet Abbau von Erleichterungen und höheres Tempo

Weitsprung - Technik

Lernziel
Vermittlung anwendungsbereiter Grundkenntnisse zur Bewegungstechnik des Schrittweitsprunges; Schwerpunktsetzung für die technische Ausbildung

Vorbemerkungen
Für den Sportunterricht ist es aus Zeitgründen und aus bewegungstheoretischer Sicht zweckmäßig, sich auf die Vermittlung der „einfachen“ Schrittweitsprungtechnik zu konzentrieren. Sie wird in vier Abschnitte gegliedert:
- Anlauf: bewirkt die horizontale Komponente des Sprunges und bestimmt in Verbindung mit dem Absprung wesentlich die Sprungweite
- Absprung: ist maßgebend für die Größe und Richtung der horizontalen und vertikalen Komponenten der Abfluggeschwindigkeit
- Flug: dient der optimalen Ausnutzung der im Absprung erzeugten Flugkurve, dem Erhalt des Gleichgewichts und der Landevorbereitung
- Landung: zielt auf das verlustarme Erreichen der theoretisch möglichen Landestelle

Anlauf
- Länge ca. 15 (-19) Laufschritte in Abhängigkeit vom individuellen Geschwindigkeitsniveau
- Beschleunigungslauf - lockerer Ballenlauf mit hohem Kniehub, Erreichen der optimalen Geschwindigkeit unmittelbar vor dem Absprung unter Aufrichten des gesamten Körpers
- Absprungvorbereitung durch geringe Verlängerung des vorletzten Schrittes, dabei leichtes Senken des Körperschwerpunktes (KSP)

Absprung
- aktiver, greifender Fußaufsatz auf der ganzen Sohle
- Nachgeben im Kniegelenk (ca. 150°)
- aktive, vollkommene Streckung in Fuß-, Knie-, Hüftgelenk bei aufrechtem Oberkörper

- gebeugter Schwungbeineinsatz, Oberschenkel bis zur Waagerechten
- widergleicher Armeinsatz, vom bis in Augenhöhe

Flug

- deutliche Schritthaltung in der Luft mit aufrechtem Oberkörper
- Schwungbeinoberschenkel bleibt in der Waagerechten
- Sprungbein wird lange locker hinter dem Körper zurück gehalten

Landevorbereitung und Landung

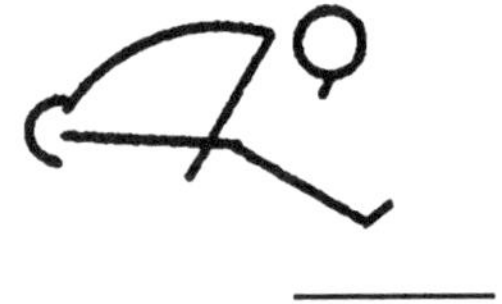

- Sprungbein spät zum Schwungbein bringen und hinteren Arm über hinten-oben zum vorderen Arm führen
- Senken des Oberkörpers und weites Vorbringen der Füße
- Aufsetzen der Füße vor den Knien parallel nebeneinander
- elastisches Nachgeben in den Knien und Vorbringen der Hüfte

Anlaufkontrollen unter wechselnden Bedingungen

Zur Erhöhung der Anlaufgenauigkeit und damit der Absprungsicherheit ist es angebracht, die Schüler zur Anpassung an wechselnde äußere Bedingungen (Wind, Anlaufbeschaffenheit, Schuhwerk; auch Tagesform) zu befähigen.

Dazu können Anlaufkontrollen unter Beachtung des Einflusses von Rücken- oder Gegenwind durchgeführt werden bzw. bestimmte bewußt herbeigeführte Veränderungen in der Anlauflänge mit der Aufforderung zu deren Ausgleich bis zu einer Zwischenmarke verbunden werden, jedoch ohne die Schrittzahl zu verändern - beispielsweise

1. Festlegen der Ablaufmarke wie üblich
2. Verkürzung des Anlaufes um 2 Fußlängen und Ausgleich bis zur Zwischenmarke (ca. 6 Schritte vor dem Balken) - 3 Versuche
3. Verlängerung um 2 Fußlängen und Ausgleich bis zur Zwischenmarke - 3 Versuche

4.+5. Verkürzung bzw. Verlängerung um eine Fußlänge und Ausgleich - je 3 Versuche

6. im Wechsel Verkürzung und Verlängerung um eine Fußlänge und Ausgleich

Weitsprung - Anlauf

Lernziel

Ermittlung der günstigen individuellen Anlauflänge, Verbesserung von Anlaufgenauigkeit und Absprungsicherheit

---

Sportanlagen und Geräte

- Laufbahn, Weitsprunganlage
- Stoppuhr, Bandmaß, Markierer

Methodisch-organisatorische Hinweise

- die meisten Schüler können ihr Geschwindigkeitspotential mangels Anlaufsicherheit nicht umsetzen
- die Anlauflänge ist stark abhängig von der individuell möglichen Geschwindigkeit
- die Anlaufgenauigkeit wird beeinflußt durch koordinative Fähigkeiten, Veränderungen hinsichtlich des Schnelligkeits- und Kraftniveaus sowie des Körperwachstums und durch wechselnde äußere Bedingungen
- Anlaufkontrollen verlangen gute Erwärmung
- vor Weitenmessungen muß der Anlauf zwei- bis dreimal kontrolliert werden

Ermitteln der individuell günstigen Anlauflänge

Nach gründlicher Erwärmung werden mehrere Sprintläufe mit Zeitnahme über kurze Strecken mit zunehmender Länge durchgeführt -
jüngere Schüler über 15 m, 20 m, 25 m;
ältere Schüler über 20 m, 25 m, 30 m.
Der Ablauf erfolgt ohne Kommando aus einer Hochstartposition. Die Zeitnahme beginnt mit dem Abheben des hinteren Fußes. Zwischen den einzelnen Läufen sollte eine Pause von ca. 8 bis 10 min liegen.
Es wird die Strecke ermittelt, auf der Schüler seine höchste Durchschnittsgeschwindigkeit erreicht. Die ermittelte Strecke dient als ungefähres Ausgangsmaß für die Länge des Weitsprunganlaufes.

Erfahrungswerte für Anlauflängen

30-m-Lauf in sec	100-m-Lauf in sec	Schrittzahl
4.2	11.8	16
4.3	12.1	15
4.5	12.9	14
4.7	13.6	13
5.0	14.7	12
5.5	16.2	11
6.0	17.5	10
6.5	19.0	9

Anlauffestlegung

Hinweise:

- die Absprungstelle muß gut markiert sein, der Balken geweißt
- bei Erreichen der Absprungstelle muß abgesprungen oder der Absprung zumindest angedeutet werden
- während des Anlaufes darf nicht getrippelt bzw. dürfen die Schritte nicht gezogen werden

1. Gründliche Erwärmung und 2-3 Sprintläufe über 20-30 m
2. Anlaufbeginn zunächst von der ermittelten Marke (15 m, 20 m, ...)
3. Anlaufbeginn aller Schüler mit dem gleichen Bein (links!)
4. Absprungstelle(Fußspitze) sollte die Balkenmitte sein
5. Korrektur des Anlaufbeginns durch Verlegen um entsprechende Fußlängen nach vorn oder nach hinten und Markierung mit indiv. Steckern
6. Trifft nicht das Sprungbein den Balken, wird der Anlaufbeginn mit dem anderen Bein vollzogen
7. Anlauflänge mit dem Bandmaß ausmessen; Lehrer notiert Betrag und Sprungbein

Absprung von niedrigerer Absprungstelle
Geräte: ca. 3-5 cm überhöhter Anlauf auf Mattenbahn oder Gummiläufer
Ziel: Verbesserung der Absprungschnelligkeit und -koordination
Ausführung: mittlerer bis langer Anlauf, die letzten 5 Schritte auf überhöhter Unterlage, schnelles Aufsetzen des Sprungbeinfußes "in die Tiefe", Steigesprung - Abb. links

Absprung von fallender Absprungstelle
Geräte: flaches Holzsprungbrett, zur Grube abfallend
Ziel: Verbesserung des schnellen, schlagenden Fußaufsatzes und der Absprungkoordination
Ausführung: mittlerer bis langer Anlauf, aus hohem Kniehub schlagend-greifender Fußaufsatz auf fallender Fläche, schnelle Abwärtsbewegung des Fußes, Steigesprung - Abb. rechts

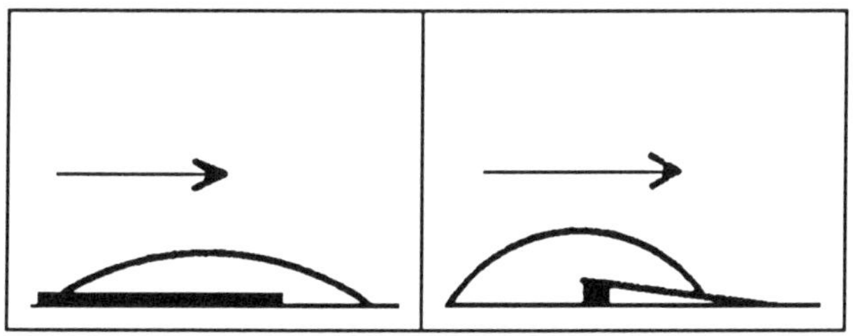

Weitsprung - Absprung

Lernziel

Verbesserung der Absprungtechnik

Sportanlagen und Geräte

- Weitsprunganlage bzw. Weichmatten
- Hilfsmittel wie Kastendeckel, Absprungkasten starres Sprungbrett, Holzplatte, Hartgummiplatte, Schaumstoffstücke, Gummiseil

Methodisch-organisatorische Hinweise

Es geht vor allem um die Ausprägung der Charakteristika des Weitsprungabsprunges.

- verstärktes Anfersen und betonter Kniehub sowie
- Schrittverkürzung beim letzten Anlaufschritt
- schnelles, aktives Bodenfassen schlagend von oben
- "ganzsohliger" (nicht stemmender) Fußaufsatz jeweils verbunden mit schnellkräftiger Absprungstreckung.

Dazu werden bei den Übungen entsprechende Hilfsmittel verwendet.

Ballenabsprünge
Ziel: Beseitigung des fehlerhaften "Stemmens"
Ausführung: Aus 3-5 Schritten lockerem Anlauf als Ballenlauf Absprung nur vom Fußballen, Steigesprung, Schwungbeinlandung

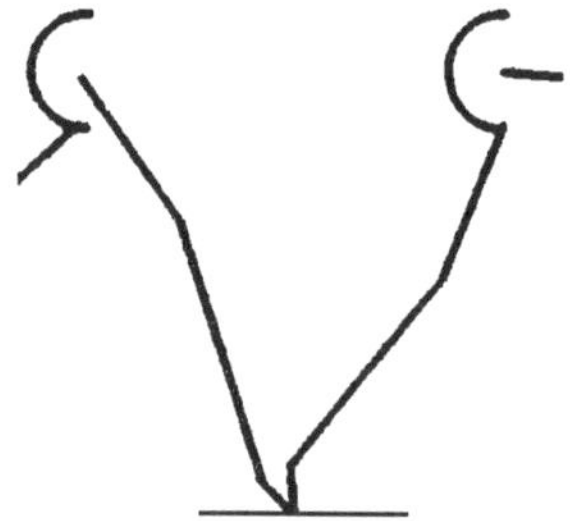

Absprung vom Kastendeckel
Geräte: starres Sprungbrett, Kastendeckel
Ziel: bewußt kurzer letzter Anlaufschritt
Ausführung: Aus 7-9 Anlaufschritten, vorletzter Schritt vom Sprungbrett, kurzer letzter Schritt, Absprung vom Kastendeckel, Steigesprung, Schwungbeinlandung

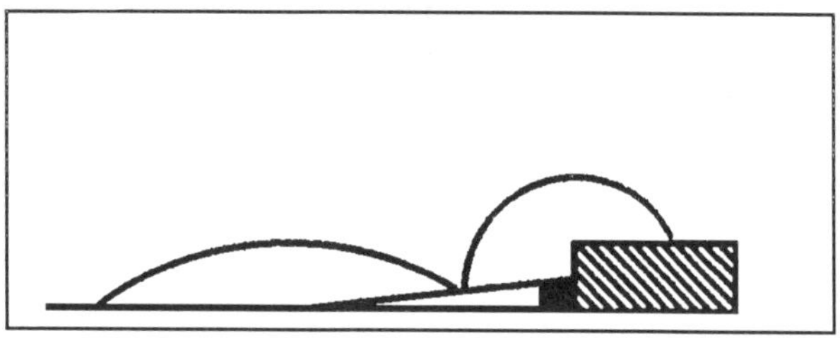

Absprung von flacher Überhöhung
Geräte: Bohle, Hartgummiplatte 3-5 cm stark
Ziel: schnellerer Fußaufsatz
Ausführung: 9 Schritte Anlauf bis volle Anlauflänge, Fußaufsatz aktiv von oben, Absprung von der Unterlage (dadurch ist die Absprungstelle "schneller unter dem Fuß") - Abb. links

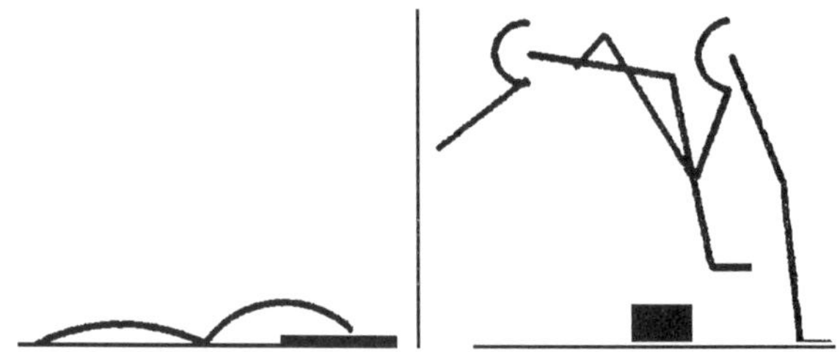

Absprung nach betontem Kniehub über ein niedriges Hindernis - Abb. rechts
Geräte: Schaumgummiquader, Gummiseil in ca. 15cm Höhe etwa 50cm vor dem Balken
Ziel: Verbesserung des Fußaufsatzes von oben auf der "ganzen Sohle"
Ausführung: mittlerer oder langer Anlauf, betonter Kniehub über das Hindernis und ganzsohliger Fußaufsatz, Absprung vom Balken

Schrittweitsprung nach Absprung vom Schwungbein
Geräte: Weichmatten von 70 - 80 cm Höhe
Ziel: gesondertes Üben des Anhebens des eigentlichen Sprungbeines
Ausführung: aus mittlerem Anlauf und Absprung vom Schwungbein Schrittweitsprung mit Fersenlandung (anschließend in den Sitz) auf den Weichmatten

Heben beider Füße über einen Orientierer in der Nähe der Landestelle
Geräte: Weitsprunganlage, Gummiseil nebst Befestigungsmöglichkeiten, Sandhügel
Ziel: Verbesserung der Landung unter wettkampfnahen Bedingungen
Ausführung: aus mittlerem bis langem Anlauf Schrittweitsprung mit Heben beider Beine über das Gummiseil/den Sandhügel (schräg spannen / anlegen für unterschiedliche Weiten)

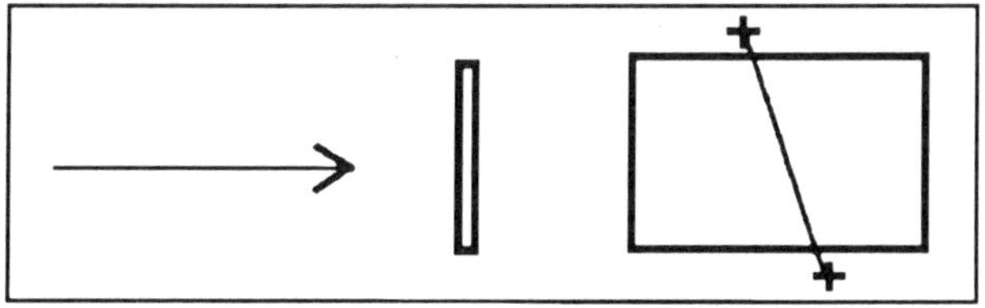

Weitsprung - Landung

Lernziel
Verbesserung der Landung

Sportanlagen und Geräte
- Weitsprunganlage, Weichmatten
- Hilfsmittel wie Gummiseil, Schaumstoffstücke

Methodisch-organisatorische Hinweise
Um die Landung zu verbessern sollten insbesondere folgende Elemente geschult werden:
- Nachvornbringen und Anheben des Sprungbeines zur Landevorbereitung
- Anheben beider Unterschenkel und Rumpfsenken in der Landephase
- Aufsetzen der Fersen "vor" den Knien
- paralleles und geschlossenes Aufsetzen der Füße
- elastisches Nachgeben in den Knien und "Vorbeidrehen" des Gesäßes an der Landestelle der Füße

Aufsprung in den Sitz
Geräte: Weitsprunganlage, Weichmatten von ca. 70 - 80 cm Höhe
Ziel: Nachvornbringen beider Beine zur Landung
Ausführung: aus kurzem Anlauf oder aus dem Stand Absprung und weites Nachvornbringen beider Beine, Landung im Sitz
Erhöhung der Anforderungen durch:
- erster Bodenkontakt durch beide Fersen, dann Landung im Sitz
- Versuch, das Gesäß nach weitem Vorbringen beider Beine an der Landestelle "vorbeizudrehen"

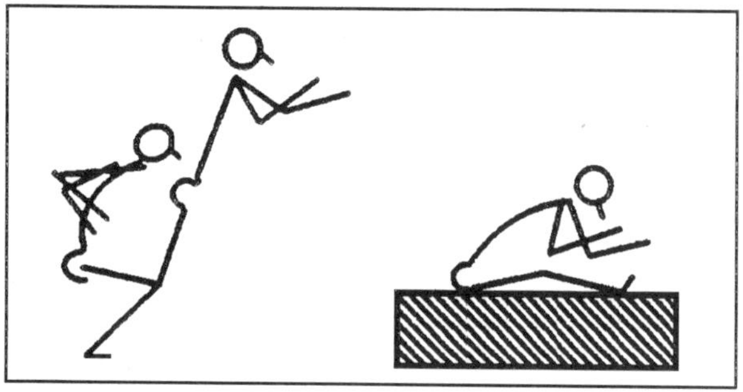

Aufsprung und Wegschieben von Schaumgummistücken
Geräte: Weitsprunganlage, Weichmatten von ca. 70 - 80 cm Höhe, Schaumgummistücke
Ziel: Nachvornbringen beider Beine zur Landung
Ausführung: aus mittlerem, nicht zu schnellem Anlauf Absprung und weites Vorbringen beider Beine, Fortschieben eines Schaumgummistückes an der Landestelle mit beiden Fersen, Beine bleiben vor dem Wegschieben gestreckt, nicht nach dem Schaumgummistück treten, sondern schieben

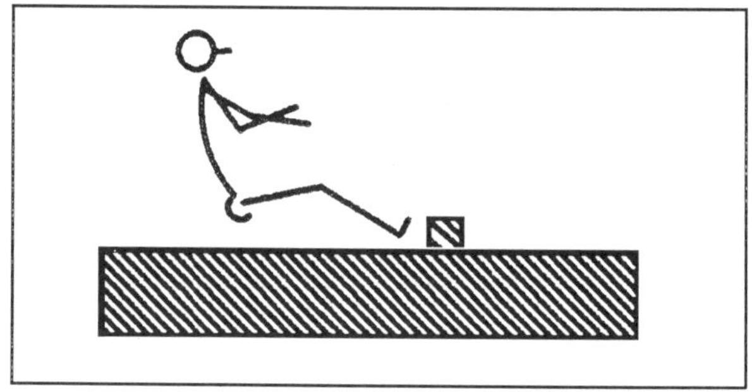

Sprünge im Sand
Geräte: Weitsprunggrube, weiche Sandfläche
Ziel: Sprungkraftentwicklung (Schnellkraft)
Ausführung: als schnellkräftige Einzelsprünge; 6 bis 8 Wiederholungen; Serienpause 2 - 3 min oder als kurze Sprungfolgen (4 - 6 Sprünge)
- Hockstrecksprünge
- Hockstrecksprünge mit Anhocken, Grätschen, Schrittspreizen beider Beine
- Sprunglauf
- Schlußweitsprung-Folge

Hahnenkampf (einbeinig, rechts und links)
Ziel: Entwicklung von Sprungkraftausdauer
Ausführung: 3-4 x 2 min; auch 2,3,2,1 min; in den Pausen Lockerungsübungen; Partner tauschen; Beine wechseln - auch im Durchgang
Hinweis: Wettkampfformen gestalten; nicht unbeherrscht kämpfen

Springfrosch
Ziel: Entwicklung von Sprungkraftausdauer
Ausführung: beim Absprung verlassen Füße und Hände gleichzeitig den Boden
- Froschhüpfen beliebig über 15, 20, 30 sec
- Froschsprünge über 20m - Anzahl oder Zeit ermitteln
- Froschsprünge auf Weite - 8 bis 12

Weitsprung - Sprungkraft

Lernziel
Ausbildung der horizontalen Sprungkraft und der Sprungkraftausdauer

Sportanlagen und Geräte
- Laufbahn, Rasenflächen, Hallenboden, Waldwege, Sandgrube
- Markierer und Orientierer wie Linien, Bänder, Seile, Reifen, Malstangen, Kegel, Matten, Kastenteile, Bänke, Sprunghocker, Hürden

Methodisch-organisatorische Hinweise
- Übungen zur Sprungkraft-(=Schnellkraft)Entwicklung erfordern eine gute Erwärmung, hohe Intensität, kurze Übungszeiten, ausreichende Erholung
- Übungen zur Schulung der Sprungkraftausdauer sollten gleichfalls schnellkräftig ausgeführt werden
- Übungsumfang: 6-8 Serien über 10-25 m bzw 8-12 Wiederholungen; schnell ausgeführt; mit ca. 2 min Pause zwischen den Serien.
zur Ausdauerschulung ---> doppelter Umfang

Sprungfolgen an der langen Bank

Geräte: mehrere Langbänke, auch 2 hintereinander (= doppelte Länge)

Ziel: Entwicklung von Sprungkraftausdauer und Sprunggewandtheit

Ausführung: - Bank zwischen den Beinen, beidbeinig aufspringen und niederspringen
- einbeinig aufspringen, auf der anderen Seite niederspringen
- Hände stützen auf der Bank, beidbeinige Hockwenden
- beidbeinig bzw. einbeinig überspringen mit Zwischenhüpfer oder ohne Zwischenhüpfer
- Häschenhüpfer auf der Bank (Partner sichern durch Handfassung)
- Bank zwischen den Beinen, Strecksprung mit ½ Drehung, Landung mit Bank zw. den Beinen

Hinweis: schnell und konzentriert springen

Sprungfolgen an ansteigenden Hindernisse

Geräte: mehrere Bahnen höher werdender Hindernisse (6 - 8; bis ca. 50cm hoch)

Ziel: Sprungkraftentwicklung (Schnellkraft)

Ausführung:
- Sprunglauf
- Steigsprünge mit einem Zwischenschritt
- beidbeinige Sprünge mit Anfersen und Zwischenhüpfer
- Hockstrecksprünge mit Zwischenhüpfern in der Hocke
- Sprunglauf, dabei Hände im Nacken

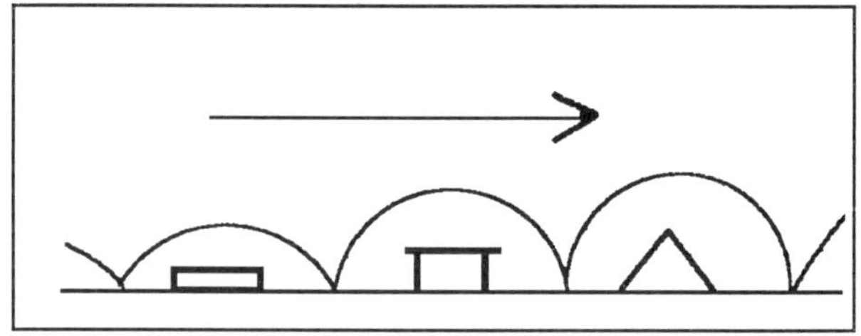

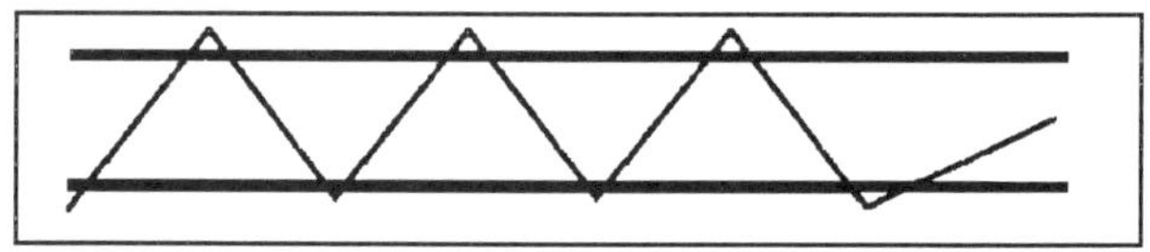

Zickzack-Sprungläufe über eine Gasse

Geräte: Linien im Abstand von ca. 1.20m (z.B. Bahnmarkierungen - auch in der Kurve)

Ziel: Sprungkraftentwicklung (Schnellkraft)

Ausführung: Sprunglauf schräg vorwärts von Linie zu Linie; je 6 - 8 Sprünge; schnell üben

Weitsprung - Wettbewerbe

Lernziel

Anwendung von Fertigkeiten des Weitspringens unter Wettkampfbedingungen und weitere Ausbildung disziplinspezifischer Fähigkeiten

Sportanlagen und Geräte

- Weitsprunganlage
- Hochsprungständer, Markierer
- Bandmaß, Meßlatte

Methodisch-organisatorische Hinweise

- um standardisierte Wettkampfformen und -regeln aufzulockern, sollte man vielfältige, alternative Wettkämpfe ersinnen und pflegen
- die Wettkampfidee sollte davon bestimmt sein, insbesondere die relative Leistung zu honorieren
- gute Erwärmung und ermüdungsfreier Zustand zum Wettkampfbeginn sichern
- stets nur einfache, technisch gut beherrschte Bewegungsabläufe unter Wettkampfbedingungen ausführen lassen

Technikwettkampf

Die Schüler demonstrieren den Schrittweitsprung ca. zwei- bis viermal unter Wettkampfbedingungen. Andere Schüler (ca. 4-6) bewerten als Jury die Qualität der Bewegungsausführung an Hand vorgegebener Merkmale in einer Dreierskala. Die Jurymitglieder springen selbst auch.

MERKMAL	gut (3)	mittel (2)	schlecht (1)
Anlauf	schnell flüssig	schnell etwas unregelmäßig	langsam Ziehen Trippeln
Genauigkeit	auf dem Balken	vor dem Balken	übertreten
Fußaufsatz	verkürzt ganzsohlig	normal lang ganzsohlig	lang gestemmt
Absprung	explosiv vollkommene Streckung	normal vollkommene Streckung	langsam abgebrochene Streckung
Flug	lange Schritthaltung	Schritthaltung zeitig aufgegeben	sofortige Hockstellung
Landung	geschlossen vor den Knien	geschlossen unter den Knien	Schrittstellung Nach-vorn-Fallen

Standweitsprung

Geräte: Weitsprunggrube, Weichmatten, Bandmaß, Spaten, Harke

Ausführung: Aus der Schlußstellung vor der Absprungmarkierung wird beidbeinig abgesprungen und beidbeinig gelandet. Schwungbewegungen mit den Armen sind gestattet, es darf jedoch vor dem Absprung kein Fuß vom Boden gelöst werden.

Wertung: - gemessene Weite
- geringste Differenz zwischen den Leistungen aus dem Stand und dem Anlauf
- Einzel-, Mannschaftswertung

Weitsprünge aus verkürztem Anlauf

Geräte: Weitsprunggrube, Bandmaß

Ausführung: Es werden Weitsprünge aus 5, 7, 9, 11, ... Anlaufschritten ausgeführt.

Wertung: - gemessene Weite, auch addiert
- geringste Differenzen zur Bestleistung aus vollem Anlauf (in Zentimeter oder Prozent), auch addiert
- Einzel-, Mannschaftswertung

Hinweis: Zur schnellen Auswertung können von Schülern kurze Computer-Programme selbst erarbeitet werden.

Weithochsprung

Geräte: Weitsprunggrube, Hochsprungständer, Gummiseil, Bandmaß, Harke, Spaten

Ausführung: festgelegte Anzahl von Sprüngen aus beliebigem Anlauf über ein Gummiseil

Wertung: - erreichte Leistung
- zweckmäßig ist eine Mannschaftswertung, um Körpergrößen- und Leistungsunterschiede auszugleichen

Hinweis: - Seilhöhen Kl. 5/6 - 80cm, Kl. 7/8 - 90cm, Kl. 9/10 - 100cm / entspricht etwa Hüfthöhe (Mädchen weniger); nicht höher, um Stemmen beim Sprung möglichst zu vermeiden
- das Seil bei ca. der Hälfte der anfänglichen Sprungweite spannen; von Versuch zu Versuch um 15 cm in Sprungrichtung verändern

VIII. Hochsprung

Wälzsprung	Technik
Wälzsprung	Absprung
Wälzsprung	Lattenüberquerung
Flop	Technik
Flop	Absprung
Flop	Lattenüberquerung
Hochsprung	Sprungkraft
Hochsprung	Wettbewerbe

Notizen:

Wälzsprung - Technik

Lernziel
Vermittlung von Grundkenntnissen zum Bewegungsablauf des Wälzhochsprunges; Schwerpunktsetzung für die technische Ausbildung

Vorbemerkungen
Die Technik des Wälzhochsprunges stellt wegen der Verbindung des Springens mit Drehungen um alle Körperachsen hohe motorische Anforderungen. Sie wird in vier Abschnitte gegliedert:
- *Anlauf:* bestimmt bei optimaler Gestaltung und entsprechender Umsetzung im Absprung die Sprunghöhe mit
- *Absprung:* ist maßgebend für die Größe und Richtung der vertikalen und horizontalen Komponenten der Abfluggeschwindigkeit; leitet bei exzentrischen Kraftstößen die Drehungen ein
- *Flug:* ist durch Steuerung der Drehungen und Verlagerung von Körperteilen auf die Realisierung der Absprungkräfte gerichtet
- *Landung:* hat ein gefahrloses Abfangen des Körpers zum Ziel

Übungsreihe zur technischen Ausbildung
1. **Pirouettensprung mit ½ Drehung aus 3 Anlaufschritten** - aus der Körperrücklage und nach stemmendem Fußaufsatz explosiver Drehsprung in der Senkrechten und Landung auf dem Schwungbeinfuß; frontales Üben ohne Latte oder über niedrige Hindernisse (Bank)
2. **Pirouettensprung mit ¾ Drehung über schräge Latte / Leine aus 3 Anlaufschritten** - nach dem Absprung Einnehmen einer leichten Körperschräglage und betontes Nach-außen-Drehen des gebeugten Sprungbeines, Landung auf dem Schwungbeinfuß
3. **Wälzsprung aus kurzem Anlauf (3 Schr.)** - nach senkrechtem Absprung Verlagerung der Hauptdrehung in die Waagerechte; Landung zuerst auf dem Schwungbeinfuß
4. **Wälzsprung aus verlängertem Anlauf**

Methodisch-organisatorische Hinweise
- Absprung durch Hock- und Steigsprünge vorbereiten
- Fuß des Schwungbeines muß unbedingt zuerst die Latte überqueren und landen
- zunächst aus langsamem Anlauf abspringen

Anlauf

- Länge ca. 5-9 (-13) Anlaufschritte mit einem Winkel von 25°-45° von der Sprungbeinseite
- Beschleunigung bis zur optimalen Geschwindigkeit, auf dem Ballen beginnend, dann Übergang zum Laufen mit Aufsetzen der Fersen
- Absprungvorbereitung während der letzten 3 Schritte durch Senken des KSP ("schleichen"), Einnehmen der Rücklage (Geschwindigkeit erhalten), vorletzter Schritt länger, letzter verkürzt, eventuell Doppelarmeinsatz vorbereiten

Absprung

- Fußaufsatz mit gestrecktem Bein aktiv über die Ferse
- Rücklage ca. 135° bei gestrecktem Körper
- Nachgeben im Knie um ca. 30-40°
- schnellkräftige Beinstreckung unter Einsatz der Schwungmassen mit nur geringer Seitneigung des Rumpfes zur Einleitung der Drehung
- Abbremsen des Schwungbeinoberschenkels in der Waagerechten, der Arme in Augenhöhe

Anflug und Lattenüberquerung

- Schwungbeinfuß zuerst über die Latte
- parallele Körperlage mit Brust und Becken zur Latte
- Nach-unten-Bringen des Schwungbeinfußes und An- und Auswinkeln (-drehen) des Sprungbeines
- Drehen um die Körperlängsachse, dabei immer Blick zur Latte

Landung

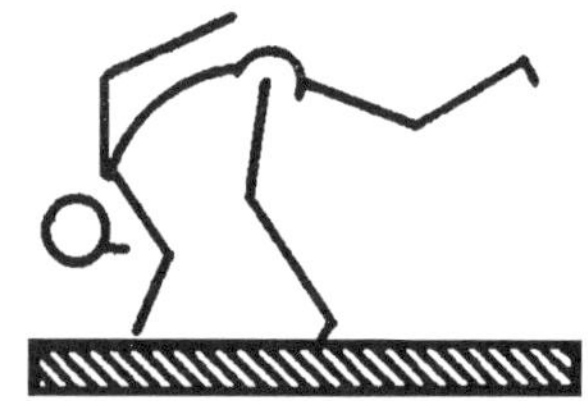

- erste Bodenberührung mit dem Fuß des Schwungbeines (Spitze oder Außenrist)
- dann Aufsetzen der schwungbeinseitigen Hand und
- seitliches Abrollen in die Rückenlage

Steigdrehsprung
Geräte: 2 Hochsprungständer, Gummiseil
Ziel: Schulung der Verbindung von Absprung und Einleitung der Drehung um die Körperlängsachse
Ausführung: 3, 5, 7 Schritte Anlauf von der Sprungbeinseite; Absprungvorbereitung und stemmender Fußaufsatz; explosiver, steiler Absprung mit energischem Schwungbeineinsatz zu einem Höhenorientierer (Gummiseil in Schulter- bis Kopfhöhe); Steigen und Körperdrehung um ca. 90°; Landung auf dem Sprungbeinfuß mit aufwärts gehaltenem Schwungbein
Hinweis: Absprung auch von starrem Holz-sprungbrett zur Unterstützung des Stemmens

Wälzsprung - Absprung

Lernziel

Verbesserung der Absprungtechnik

Sportanlagen und Geräte

- Hochsprunganlage bzw. Weichmatten
- Hilfsmittel wie Markierer, starres Sprungbrett, Gummiseil

Methodisch-organisatorische Hinweise

Die Übungen sind auf die Ausprägung der besonderen Merkmale des Wälzsprungabsprunges zu richten. Dabei geht es vor allem um:
- die optimale Anlaufgestaltung (Richtung, Genauigkeit, Geschwindigkeit)
- das Einnehmen der Sprungauslage im Anlauf
- den stemmenden Fußaufsatz
- den steilen Absprung ohne wesentliches seitliches Ausweichen des Körpers
- das Abspringen mit Einleitung der Drehung um die Körperlängsachse

Hocksprung von vorn
- aus einer Absprungzone in eine Landezone
- aus einer Absprungzone durch eine "Luke"

Geräte: 2 bzw. 4 Hochsprungständer, Gummiseile, Absprung- und Landezonenmarkierung, Turnmatte als Landezone
Ziel: Verbesserung der Anlaufgestaltung in Verbindung mit dem "steilen" Absprung
Ausführung: 3, später 5 und 7 Anlaufschritte; Absprungvorbereitung durch KSP-Senken und Einnehmen einer deutlichen Körperrücklage; stemmender Fußaufsatz in die Absprungzone; explosiver, steiler Absprung; Einnehmen der Hockposition über dem Gummiseil; beidbeinige Landung in der Landezone bzw. nach Passieren der "Luke" - bestehend aus 2 Gummiseilen

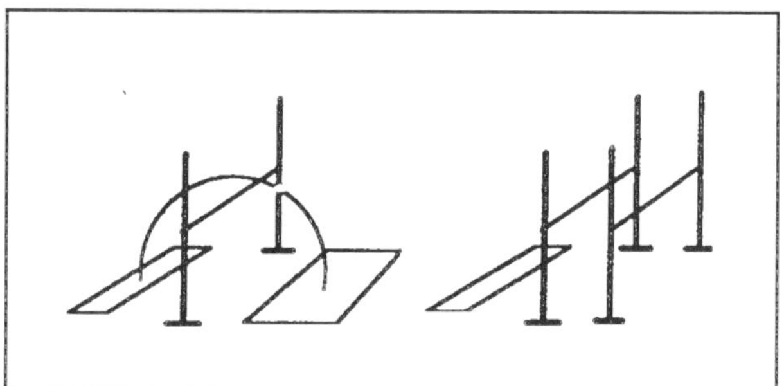

Hochspringerhocke von vorn bzw. nach schrägem Anlauf
Geräte: Hochsprunganlage bzw. Behelf, Absprungmarkierung, Holzsprungbrett
Ziel: Verbesserung der Anlaufgestaltung in Verbindung mit dem "steilen" Absprung
Ausführung: 3, 5, 7 Anlaufschritte von vorn, später von der Sprungbeinseite; deutliche Absprungvorbereitung (KSP-Senken, Sprungauslage); genauer und stemmender Fußaufsatz; explosiver, steiler Absprung; Anhocken des Sprungbeines und Landung auf dem Sprungbeinfuß bzw. Landung auf dem Sprungbeinfuß und dem Gesäß mit aufwärts gehaltenem Schwungbein - Absprung auch von starrem Sprungbrett zur Unterstützung des Stemmens

Wälzsprung - Lattenüberquerung

Lernziel
Verbesserung der Drehung um die Längsachse und Abbau fehlerhafter Teilbewegungen

Sportanlagen und Geräte
- Hochsprunganlage bzw. Behelfsanlage
- Gummiseil
- Turnpferd ohne Pauschen/Sprungkasten

Methodisch-organisatorische Hinweise
Bei der Bewegungsausführung ist insbesondere auf folgende Merkmale zu achten:
- die Schüler "springen und drehen ihrem Schwungbeinfuß hinterher", dieser landet zuerst
- das Kinn bleibt auf der Brust, damit bei der Lattenüberquerung kein Hohlkreuz entsteht
- das Sprungbein wird gebeugt ausgewinkelt
- die Schüler behalten die Latte im Blick, dazu wird der Kopf entsprechend mitgedreht
- die Drehung läuft gleichmäßig und ruhig ab - nicht ruckhaft

Wälzsprung mit Anlauf über die Schräglatte
Geräte: Hochsprunganlage bzw. Behelfsanlage, Gummiseil zur Sprungbeinseite steigend (ca. 45°)
Ziel: Ausführung der Drehung um die Körperlängsachse in der Schräglage
Ausführung: 3, 5, 7 Anlaufschritte schräg von der Sprungbeinseite (30-60°); Körperrücklage und stemmender Fußaufsatz; Wälzsprung in Schräglage (ca. 45-60°), wobei der Schwungbeinfuß "führt" und das gebeugte Sprungbein ausgewinkelt wird; Landung auf dem Schwungbeinfuß und seitwärts abrollen

Imitation der Lattenüberquerung am Boden
Geräte: evtl. Bodenmatte
Ziel: Ausführung der Drehung um die Körperlängsachse mit Auswinkeln des gebeugten Sprungbeines
Ausführung: Ausgangsstellung Liegestütz vorlings mit rechtwinklig gebeugtem Sprungbein;
Lösen der sprungbeinseitigen Hand vom Boden und Drehen um die Schwungbeinseite in den Liegestütz rücklings - dabei bewußtes Auswinkeln des gebeugten Sprungbeines

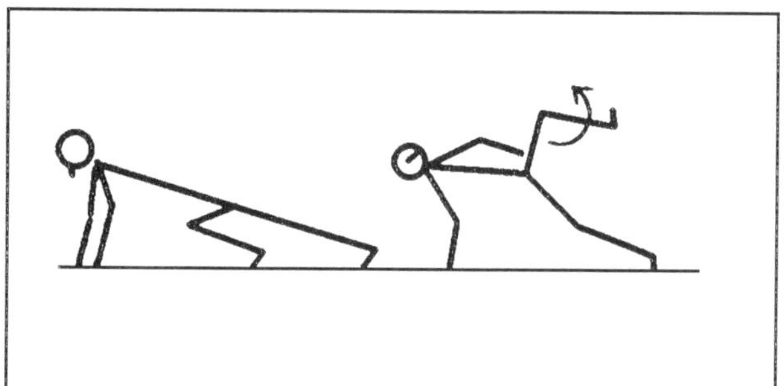

Abrollen vom Turnpferd
Geräte: Turnpferd ohne Pauschen (Sprungkasten), Weichmatte
Ziel: Imitation der Drehbewegung um die Körperlängsachse
Ausführung: Bauchlage auf dem Pferd mit gebeugtem Sprungbein, Schwungbein liegt seitlich am Pferd an; Abrollen seitwärts auf die Weichmatte, dabei das gebeugte Sprungbein bewußt auswinkeln (Fallhöhe allmählich steigern); Schwungbeinfuß landet zuerst auf der Weichmatte; Weiterrollen in die Rückenlage

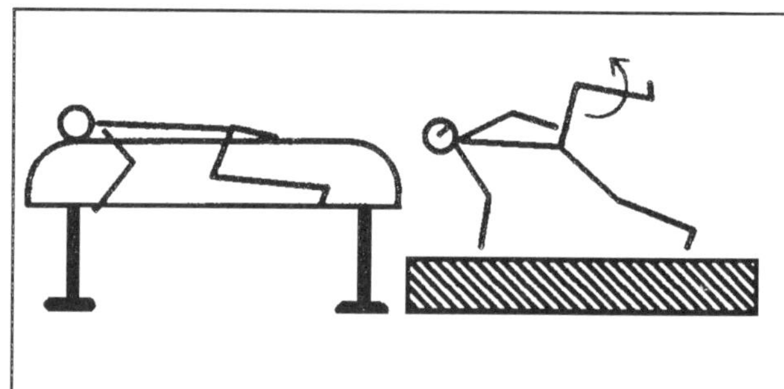

Flop - Technik

Lernziel

Vermittlung von Grundkenntnissen zum Bewegungsablauf des Flophochsprunges; Schwerpunktsetzung für die technische Ausbildung

Vorbemerkungen

Der Flop stellt wegen der rückwärtigen Lattenüberquerung hohe koordinative Ansprüche.
Er wird in vier Abschnitte gegliedert:
Anlauf: bestimmt durch Geschwindigkeit und Absprungvorbereitung bei entsprechender Umsetzung im Absprung die Sprunghöhe entscheidend mit
Absprung: ist maßgebend für Betrag und Richtung der Komponenten der Abfluggeschwindigkeit; leitet über exzentrische Impulse die nötigen Drehungen ein
Flug: ist durch entsprechende Bewegungen und die Steuerung von Drehungen auf die optimale Ausnutzung der Flugbahn des KSP gerichtet
Landung: hat ein sicheres Abfangen des Körpers zum Ziel

Übungsreihe zur technischen Ausbildung

1. Sprünge aus bogenförmigem Anlauf nach Höhenorientierern mit ½ oder ¾ Drehung - zum Erlernen des flopspezifischen Anlaufs und Absprunges
2. Standflop - zum Erlernen der rückwärtigen Lattenüberquerung und der Landung
3. Flophochsprung aus 3, 5 Anlaufschritten zur Schulung der Gesamtbewegung bei geringer Geschwindigkeit
4. Flophochsprung aus 7 und mehr Anlaufschritten - zur Ausbildung einer wettkampfnahen Technik

Methodisch-organisatorische Hinweise

- das Flophochspringen darf nur an Anlagen erfolgen, die eine sichere Landung gewähren
- anfangs Gummiband verwenden
- möglichen Verletzungen wegen Zusammenklappens beim Landen vorbeugen
- den Anlaufradius der Geschwindigkeit anpassen, damit es zu einer Innenneigung kommt
- die Impulskurve markieren
- nicht zu lange am Standflop üben wegen des beidbeinigen Absprunges

Anlauf	Absprung	Flug	Landung
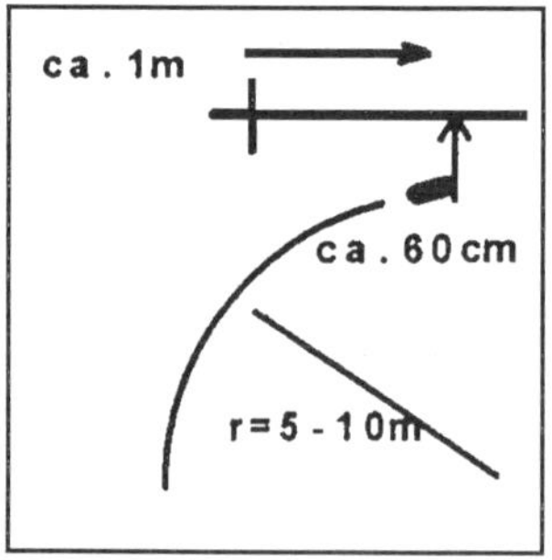 		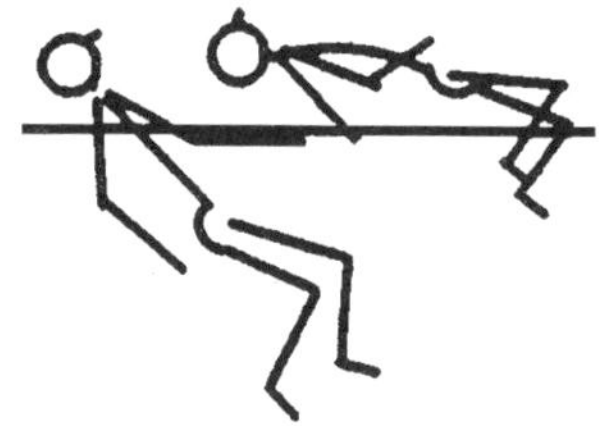	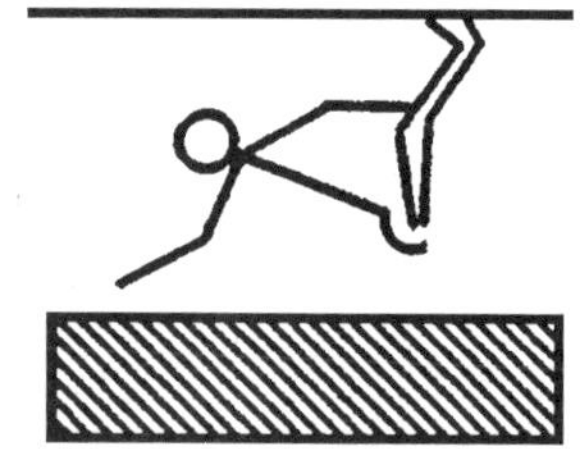
- Beschleunigungslauf über 5-9 Schritte auf Ballen, mit Vorlage, zumeist geradlinig - Durchlaufen der Impulskurve (3-4 Schritte und 5-10 m Radius); Halten des Tempos - Körperneigung von der Latte weg (ca. 20°) und leichte Rücklage	- Fußaufsatz auf der Impulskurve über die Ferse - schnelles Abklappen des Fußes - explosive Absprungstreckung und - schneller, diagonaler Einsatz des gebeugten Schwungbeines - diagonaler oder paralleler Armeinsatz	- Steigen mit "Hohlkreuz" und Drehung des Rückens zur Latte - Einnehmen der horizontalen Lage unter - Beibehalten der Hüftstreckung und Beugen der Knie - Überstrecken in Hüfte und Rücken, wenn Gesäß über der Latte (Brückenposition) - Auflösen der Brücke durch Senken der Hüfte und Kniestrecken	- Landung aus einer L-Position auf dem Rücken und den ausgebreiteten Armen - Anspannen des Körpers, um Stauchungen zu vermeiden - eventuell Überrollen

Aufsprung rücklings auf Mattenstapel
Geräte: Weichmattenstapel 1.00 - 1.60m hoch
Ziel: flopspezifische Schulung von Anlauf, Absprungvorbereitung, Absprung, Drehung zur Latte und in die Waagerechte
Ausführung: 3, 5, 7 Schritte Anlauf mit Impulskurve, Innenneigung und Rücklage, steiler Absprung mit Drehung um ca. 120° zur Sprungbeinseite und rückwärts in die Waagerechte, achsengerechte Landung in Rückenlage mit ausgebreiteten Armen und hängenden Beinen auf dem Mattenstapel
Hinweis: Höhe des Mattenstapels durchschnittlich etwas unter Schulterhöhe

Flop - Absprung

Lernziel
Verbesserung der Anlauf-Absprung-Koordination

Sportanlagen und Geräte
- Hochsprunganlage bzw. Weichmatten
- Hilfsmittel wie Markierer, starres Sprungbrett, Mattenstapel, Gummiseil

Methodisch-organisatorische Hinweise
Die Übungen zielen auf die Verfeinerung des Anlauf-Absprung-Komplexes. Es geht dabei vor allem um:
- die Anlaufgestaltung hinsichtlich Richtung, Einleitung der Impulskurve, Genauigkeit, Geschwindigkeit
- die Absprungvorbereitung (Innenneigung, Rücklage)
- den stemmenden Fußaufsatz
- den steilen Absprung
- das Abspringen mit Einleitung der Drehung um die Körperlängsachse zur Sprungbeinseite hin

Anlauffestlegung
Geräte: Hochsprunganlage bzw. Behelf
Ziel: Festlegen eines aufgabenbezogenen Anlaufes
Ausführung: Der Absprung liegt 60 bis 100cm von der Latte und 1m vom Ständer entfernt. Der Radius der Impulskurve ist abhängig von der Gesamtlänge und der Geschschwindigkeit des Anlaufes. Er sollte für den 3-Schritt-Anlauf
ca. 3 - 5m, den mittleren Anlauf (7-9 Anlaufschritte) ca. 5 - 8m, den langen Anlauf (mehr als 10 Anlaufschritte) ca. 8 - 12m betragen. Der Beginn der Impulskurve wird in ihrer Entfernung vom Ständer in Fußlängen ausgemessen. Zunächst sollten die Absprungstelle, der Beginn der Impulskurve und die Impulskurve selbst markiert werden.

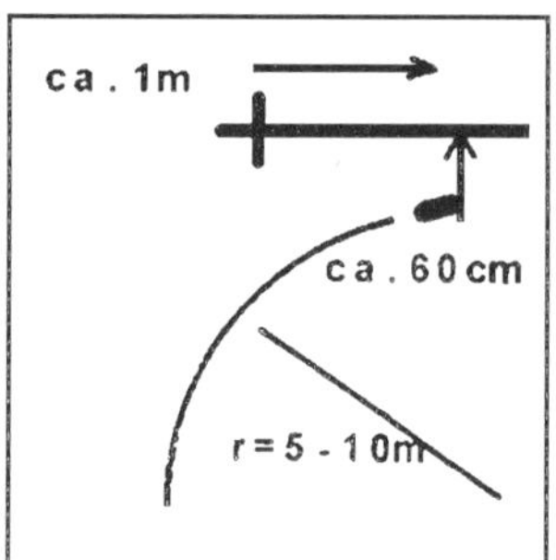

Steigsprung aus bogenförmigem Anlauf
Geräte: Hochsprunganlage bzw. Behelf
Ziel: Verbesserung von Anlaufgestaltung, Absprungvorbereitung und vertikalem Absprung
Ausführung: 3, 5, 7 Schritte Anlauf mit Impulskurve (aufzeichnen!), Einnehmen einer Innen- und Rücklage, Steigsprung, Landung auf dem Schwungbein

Hocksprung bzw. Hochspringerhocke aus bogenförmigem Anlauf ohne und mit Drehung (ca. 120°)
Geräte: Hochsprunganlage bzw. Behelf, Gummiseil
Ziel: Schulung von Anlaufverhalten, Absprungvorbereitung, vertikalem Absprung und Einleitung der Drehung um die Körperlängsachse
Ausführung: 3, 5, 7 Schritte Anlauf mit Impulskurve (aufzeichnen!), Absprungvorbereitung durch Innenneigung und Rücklage, Hocksprung bzw. Hochspringerhocke, ohne bzw. mit Drehung (ca. 120° zur Sprungbeinseite), Landung beidbeinig bzw. auf dem Sprungbein
im Parallelverhalten zur Latte (Körpervorderseite zeigt zur Latte)

Flop - Lattenüberquerung

Lernziel

Schulung der Einnahme und Auflösung der Brückenposition

Sportanlagen und Geräte

- Hochsprunganlage bzw. Behelfsanlage
- Gummiseil
- Federsprungbrett, Turnhocker

Methodisch-organisatorische Hinweise

- für entsprechend weiche und ausreichend große Landefläche sorgen
- Gummiseil verwenden
- evtl. größere Fallhöhe (erhöhter Absprung), damit Auflösung der „Brücke" besser möglich
- Standflop wegen des beidbeinigen Absprunges nur kurze Zeit üben lassen
- bei der Ausführung insbesondere achten auf:
    - Anheben der Hüfte in die "Brücke"
    - lockere Beinhaltung mit gebeugten Knien
    - langes Halten der "Brücke"
    - Auflösen der "Brücke" durch Hüftbeugen
    - bei der Landung nicht zusammenklappen

Standflop
Ziel: Schulung von Lattenüberquerung und Landung
Geräte: Hochsprunganlage bzw. Behelf, Gummiseil, Turnhocker, Federsprungbrett
Ausführung: Stand rücklings, beidbeiniger Absprung, explosives Einnehmen der Brückenposition, Auflösung der Brücke durch Senken der Hüfte und Strecken der Knie, Landung auf dem Rücken und den ausgebreiteten Armen
Hinweis: zur Vergrößerung der Fallhöhe Absprung vom Sprunghocker / Federsprungbrett

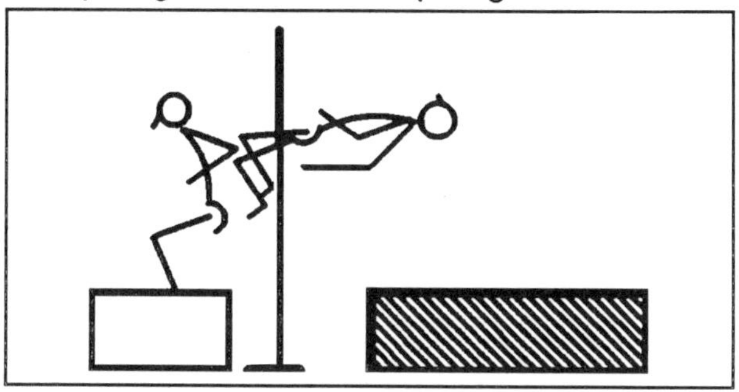

Flop auf Mattenstapel (vgl. Flop-Absprung)
Flop vom Federsprungbrett
Hinweis: mittlerer Anlauf; die längere Flugphase verlangt ein gutes Steuervermögen

Strecksprung mit Partnerunterstützung
Ziel: Erfassen der Streckbewegung in Rücken- und Hüftbereich
Ausführung: beidbeiniger Absprung mit leichter Rückwärtsneigung unter Hohlkreuzbildung und Vorstrecken der Hüfte - Partner stützt von hinten an den Schulterblättern ab - Abb. links

Strecksprung mit Anfersen - Kosakensprung
Ziel: Erfassen der Streckung in Rücken und Hüfte bei gleichzeitigem Beugen in den Knien
Ausführung: beidbeiniger Absprung unter Hohlkreuzbildung und Vorstrecken der Hüfte sowie Beugen der Knie bzw. Anfersen - Abb. rechts

Brücke am Boden
Ziel: Erfassen der Streckbewegung im Hüftbereich zur Brückenbildung
Ausführung: aus der Rückenlage mit aufgestellten Füßen; explosives Vorstrecken der Hüfte zur "Brücke" mit Stütz auf Schultern und Nacken, Arme stützen am Boden - Abb. oben

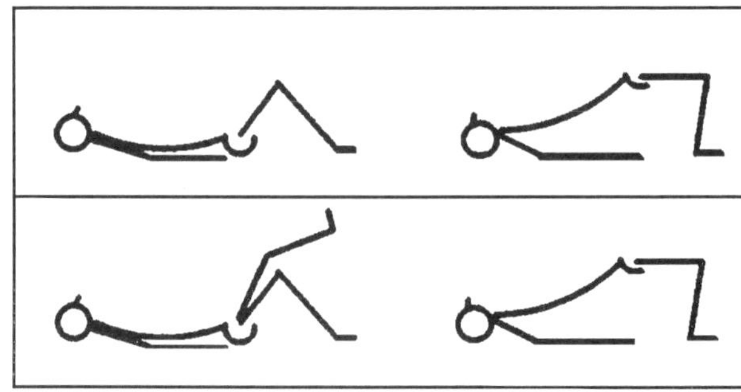

Brücke am Boden nach Aufsetzen des Sprungbeinfußes
Ziel: Erfassen des Nacheinander von Fußaufsatz zum Absprung und der Hüftstreckung
Ausführung: Rückenlage, Schwungbeinfuß aufgestellt, Sprungbein leicht angehoben, Arme stützen seitlich - schnelles Aufsetzen des Sprungbeinfußes und explosives Einnehmen der Brückenpostion - Abb.unten

Zonenhochsprünge
Geräte: Hochsprungständer, schräges Gummiseil, Speere, weiche Aufsprungmatte
Ausführung: als Einzelsprünge aus der Schrittstellung oder dem 3-Schritt-Anlauf, zunehmende Höhe von Versuch zu Versuch
- Hocksprung, beidbeinige Landung
- Hocksprung, Landung auf dem Sprungbein

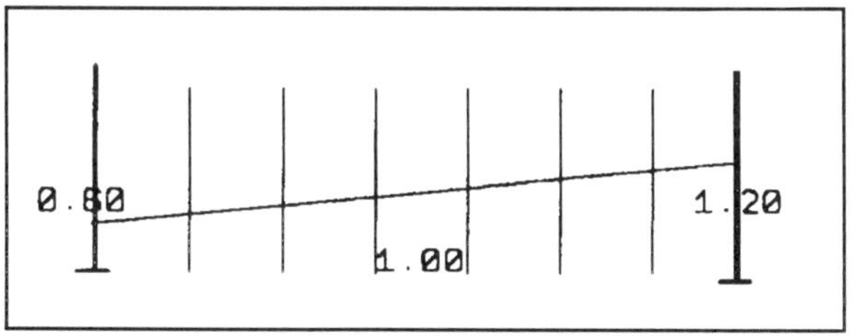

Gummihopse
Geräte: Gummiband, von 2 Schülern gespannt
Ausführung: Schlußsprungserien von innen oder außen über, auf, zwischen die Bänder, ohne Drehung oder mit Drehung usw.

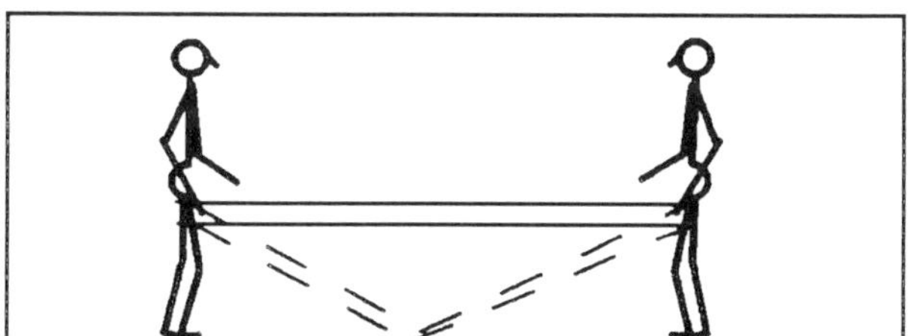

Hochsprung - Sprungkraft

Lernziel
Ausbildung von vertikaler Sprungkraft und Sprungkraftausdauer

Sportanlagen und Geräte
- fester Untergrund, Hallenboden
- Kastenteile, Bänke, Sprunghocker, Hochsprungständer oder Behelf, Gummiband, Höhenorientierer

Methodisch-organisatorische Hinweise
- Sprungkraft ist Schnellkraft; ihre Ausbildung verlangt gute Erwärmung, schnelle Ausführung, kurze Übungszeiten, ausreichende Erholung
- die Schulung von Sprungkraftausdauer sollte ebenfalls schnellkräftig erfolgen
- Übungsumfang: 6-8 Serien über 8-12 Wiederholungen je Übung; schnelle Ausführung; ca. 2 min Pausen zwischen den Serien; doppelte Wiederholungszahl bei Ausdauerschulung

Sprünge am Kasten aus dem Stand

Geräte: Sprungkästen, Höhe entsprechend der Aufgabe, Weichmatten für Niedersprung

Ausführung: in Serie, 8-12 Sprünge, 2-3 min Serienpause, schnellkräftig

- Stand zwischen den Kästen, Streck- bzw. Hockstrecksprung in den Ausfallschritt auf den Kästen, Niedersprung - Abb. links
- ein Fuß auf dem Kasten, Strecksprung, Niedersprung - Abb. rechts
- Stand bzw. Hockstellung vor dem Kasten, Streck- bzw. Hockstrecksprung auf den Kasten und absteigen

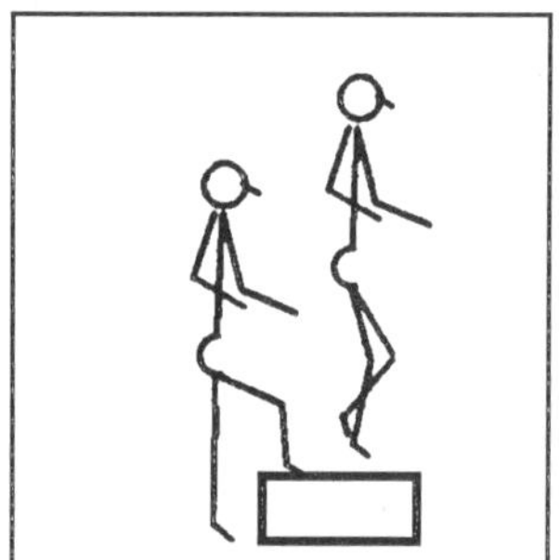

Reaktivsprünge

Geräte: mehrere Kästen, Sprunghocker, niedrige Hürden ca. 40 cm hoch

Ausführung: in Serie bzw. einzeln, 6-8 Sprünge, 2-3 min Serienpause, schnellkräftig

- einbeinige oder beidbeinige Fußgelenksprünge über Hürden (ca. 40cm hoch, 1m Abstand)
- einbeinige oder beidbeinige Auf- und Niedersprünge an Kästen oder Sprunghockern (ca. 40cm hoch, 1m Abstand) - wenig Beugung in den Knien
- beidbeiniger Aufsprung auf Kasten, Niedersprung, anschließend Hocksprung über Gummiseil

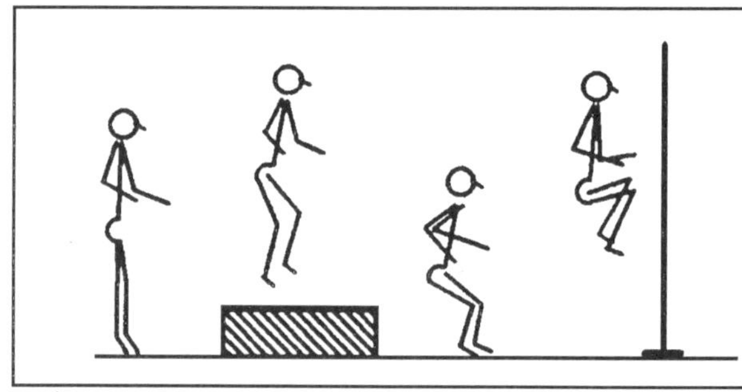

Hockkampf

Geräte: Kreise aufzeichnen, ca. 2-3m Durchmesser

Ausführung: 2 oder 3 Schüler hüpfen in der Hocke und versuchen durch Schieben mit den Händen oder Schultern den/die anderen umzuwerfen oder aus dem Kreis zu drängen

Technikwettkampf - Wälzsprung

MERKMAL	gut (3)	mittel (2)	schlecht (1)
Anlauf	schnell genau	zögernd genau	Trippeln, Ziehen, ungenau
Absprungvorbereitung	Sprungauslage, Stemmen	aufrecht, leicht gestemmt	Vorlage, kein Stemmen
Absprung	explosiv, ohne Ausweichen	Streckung, lei. Seitneigung	gehechtet
Lattenüberquerung	Schwungbein zuerst, parallel	parallel	kopfwärts, keine, Parallälität
Drehung	Sprungbein ausgewinkelt	leicht vernachlässigt	wenig oder gar nicht
Landung	Schwungbein zuerst, abroll.	Schwungbein zuerst	Hände zuerst

Technikwettkampf - Flop

MERKMAL	gut (3)	mittel (2)	schlecht (1)
Anlauf	schnell genau	langsam genau	Trippeln, Ziehen, ungenau
Absprungvorbereitung	Innenneigung Rücklage	wenig Innen- + Rücklage	aufrecht Vorlage
Absprung	explosiv steil	normal Streckung	langsam in die Latte
Brückenposition	vorhanden	gestreckter Körper	Sitzhaltung
Auflösung	Hüfte senken Knie strecken	Hüfte senken	nur Strecken der Beine
Landung	sicher gespannt		überdreht, Knie klappen nach

Hochsprung - Wettbewerbe

Lernziel

Anwendung von Hochsprungfertigkeiten unter Wettkampfbedingungen und weitere Ausbildung von hochsprungspezifischen Fähigkeiten

Sportanlagen und Geräte

- Hochsprunganlage, Gummiseil
- Federsprungbrett, Speere
- Bandmaß, Meßlatte

Methodisch-organisatorische Hinweise

- bei den alternativen Wettkampfformen insbesondere solche verwenden, die auf die Bewertung der relativen Leistung zielen - also:
  Differenz zur Bestleistung
  Differenz zur Körperhöhe
  Anzahl von Versuchen bis zum Erreichen einer Leistungsvorgabe
  Differenz von Links- zu Rechtsleistung
  Differenz zwischen den Leistungen in unterschiedlichen Hochsprungtechniken

Schwell-Hochsprung

Geräte: Hochsprunganlage, Meßlatte

Ausführung: Die Schüler springen in einer festgelegten oder frei gewählten Technik. Sie erhalten die Gesamtanzahl ihrer möglichen Versuche vorgegeben. Die Anfangshöhe wird individuell festgelegt (bestimmte Differenz zur Bestleistung oder Körperhöhe). Nach einem erfolgreichen Versuch darf die nächste Höhe in Angriff genommen werden. Nach Reißen muß die nächstniedere Höhe erneut übersprungen werden usw.

Wertung: Wer erreicht mit den vorgegebenen Versuchen die größte Differenz zur Ausgangshöhe?

Differenz-Hochsprung

Geräte: Hochsprunganlage, Meßlatte

Ausführung: Die Schüler springen in einer frei gewählten Technik, oder die Technik/Techniken werden vorgegeben. Festgelegt wird die individuelle Ausgangshöhe (nach Bestleitung oder Körperhöhe) und die Gesamtanzahl der Versuche. Nach Reißen darf über die jeweiligen Höhen innerhalb der möglichen Versuchsanzahl beliebig oft gesprungen werden.

Wertung: ermöglicht große Vielfalt, z.B.

- erreichte Differenz zur Körperhöhe
- erreichte Differenz zur Bestleistung
- geringste Differenz zwischen den Leistungen in unterschiedlichen Techniken
- geringste Differenz zwischen den Leistungen nach Links- oder Rechtsabsprung
- geringste Differenz zwischen Federbrett- und normalen Absprüngen
- Anzahl erfolgreicher Versuche
- Einzel- und Mannschaftswertung

Hochweitsprung

Geräte: Weitsprunggrube, Hochsprungständer, Gummiseil, Weichmatten, Harke, Spaten

Ausführung: Die Schüler springen aus dem Anlauf von vorn im Hocksprung über das Gummiseil in die Weitsprunggrube. Die Anfangshöhe wird als Differenz zur Körperhöhe festgelegt. Die Absprunglinie zur Grube darf nicht übertreten werden (Fehlversuch). Die Entfernung zwischen Absprunglinie und Hochsprungständern ist gleich der jeweils aufgelegten Sprunghöhe und wird mit jeder Höhe verändert.

Wertung: Wer erreicht die größte Differenz zur Ausgangshöhe?

IX. Stabhochsprung

Technik

Anlauf

Hang- und Pendelübungen

Einstichübungen

Drehung

Wettbewerbe

Notizen:

Drehung

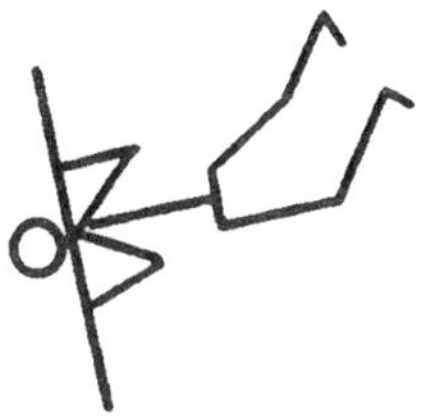

- Schub- und Streckbewegung von Beinen und Hüfte schräg aufwärts, verbunden mit einer
- Zugbewegung im rechten Arm und einer
- Linksdrehung um die Körperlängsachse
- rechte Schulter in Stabnähe bringen

Lattenüberquerung, Landung

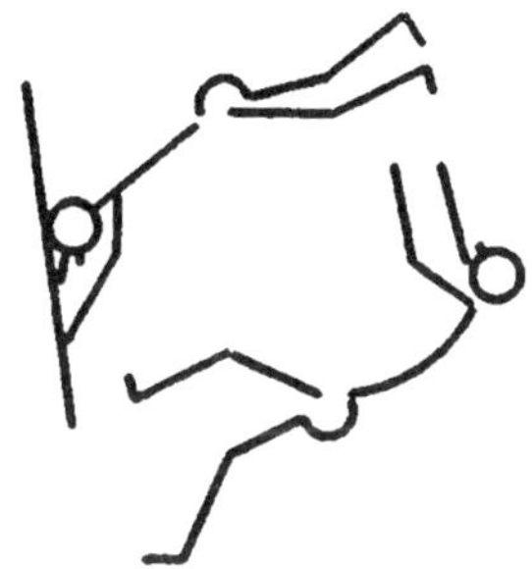

- Überquerung der Latte mit der Vorderseite des Körpers
- Beugung im Hüftgelenk
- Abdruck vom Stab erst links, dann rechts
- Landung auf beiden Füßen und
- Abrollen auf den Rücken

Stabhochsprung - Technik

Lernziel

Vermittlung von Grundkenntnissen zum Bewegungsablauf des Stabhochspringens

Vorbemerkungen

Wegen der Komplexität des Bewegungsablaufes macht es sich erforderlich, eine detailliertere Technikbeschreibung vorzunehmen. Es wird auf eine Übergangstechnik am starren Stab bis zum Überspringen von Griffhöhen orientiert.

In folgende Abschnitte wird gegliedert:

Anlauf: nicht zu lang und nicht sehr schnell
Einstich: zeitiges Stabsenken
Absprung: nach vorn-oben
Hang: kurzzeitig
Aufschwung: möglichst schnell
Drehbewegung: zeitig beginnend
Lattenüberquerung: in Griffhöhe oder darunter
Landung: mit den Füßen zuerst, sicher

Die Beobachtungsmerkmale beziehen sich auf Linksspringer/Rechtshänder (Griff rechts über links). Verwendet werden sollten anfänglich starre Stäbe (z.B. Aluminium).

Anlauf	**Einstich**	**Absprung, Hang**	**Aufschwung**

- Zwiegriff; rechts greift mit Kammgriff üb. links (Ristgriff) mit 50-60cm Abstand; Griffhöhe ca. 50cm (bis 1m) über Reichhöhe - ca.11-15 Schritte als gleichmäßiger Steigerungslauf - Laufhaltung frontal - Stabspitze in Augenhöhe, ruhig tragen - rechter Ellbogen über dem Stab, dicht am Körper	- im letzten Anlaufdrittel Stabspitze allmählich zum Einstichkasten senken - drittletzter Schritt = Einstichbeginn - vorletzter Schritt = re. Hand neben dem Kopf - letzter Schritt = re. Hand über dem Kopf, li. Hand vor dem Kopf - Stabspitze in der rechten Ecke des Einstichkastens	- Absprungstelle unter der rechten Hand - bis 20cm davor (in Richtung Kasten) - Sprungbeinstreckung und Schwungbeineinsatz zum Aufbau einer Bogenspannung von der re. Hand über den Rumpf bis zum li. Fuß - Absprung nach vorn-oben bei gestrecktem re. Arm in den - Hang in Schrittstellung	- noch kein Fixieren im gebeugten linken Arm - schnelles, schwunghaftes Einrollen mit Rückbewegung des Rumpfes, Annäherung des re. Knies an den Rumpf und des li. Knies zum rechten, bis - das Becken in oder leicht über Schulter höhe ist und - die Knie der Griffstelle angenähert werden (L-Position)

Erste Einstichübungen
Ziel:
Erwerb erster Vorstellungen vom Ablauf der Einstichbewegungen
Geräte: - Hallenboden, Wand
- Stäbe
Ausführung:
Schieben der Stabspitze auf dem Boden gegen die Hallenwand mit Andeutung der Absprungstreckung
Hinweise: Zwiegriff in Reichhöhe, das Stabende ist auf der rechten Schulter abgelegt, die Spitze wird am Boden gegen die Wand geschoben;
während des letzten Schrittes (links) wird der rechte Arm über den Kopf gestreckt, anschließend Andeuten der Absprungstreckung

Stabhochsprung - Anlauf

Lernziel

Erlernen des Laufens mit dem Stab und Ausbildung der "Treffsicherheit" für den Einstich

Sportanlagen und Geräte

- Laufbahn, Hallenfläche, Weitsprunganlage
- Markierer, "Ziel" für Treffübungen
- Stoppuhr

Methodisch-organisatorische Hinweise

- Laufübungen mit dem Stab sollten nicht zu häufig isoliert von den anderen Technikelementen durchgeführt werden.
- Als Ziel für Treffübungen können liegende oder hängende Bälle sowie Reifen dienen.
- Zu beachten sind die Technikmerkmale
  Griff: Zwiegriff, 50-60cm Griffabstand
  Trageweise: Spitze in Kopfhöhe, Arme leicht gebeugt, re. Ellbogen über dem Stab u. dicht am Körper, keine Schwankungen
  Lauf: Steigerungslauf, Körpervorlage

Geh- und Laufübungen mit dem Stab

Ziel: Erlernen der Griff- und Trageweise und des störungsfreien Laufens mit dem Stab

Geräte: - Laufbahn, Hallenboden
- Stäbe, behelfsweise Speere
- Markierer, Stoppuhr

Ausführung:

- Erfassen des Stabes im Zwiegriff
  Hinweise: rechte (=obere) Hand mit Kammgriff, linke Hand mit Ristgriff, 50-60cm Abstand, locker umfassen
- Tragen des Stabes, Gehen und Traben mit dem Stab
  Hinweise: Tragen mit gebeugten Armen dicht am Körper, rechter Ellenbogen über dem Stab, keine Verdrehung im Oberkörper, Stabspitze in Kopfhöhe, keine horizontalen und vertikalen Schwankungen des Stabes
- Steigerungslauf mit dem Stab
- Lauf auf einer Linie mit dem Stab
- maximal schnelles Laufen mit dem Stab
  Hinweise: Hochstart oder fliegender Start, Zeitnahme
- Pendelstaffellauf mit dem Stab
  Hinweis: ablösender Läufer hat eigenen Stab

Treffübungen mit dem Stab

Ziel: Erlernen des lockeren und störungsfreien Laufens mit dem Stab und des Stabsenkens

Geräte: - Laufbahn, Hallenboden, Sandgrube
- Stäbe
- Zielmarkierungen wie Ringe, Bälle und Auflage-, Aufhängemöglichkeiten dafür

Ausführung:

- aus dem Anlauf Treffen eines Gymnastikreifens, eines hängenden Balles oder eines Schaukelringes in Kopfhöhe (Abb. links)

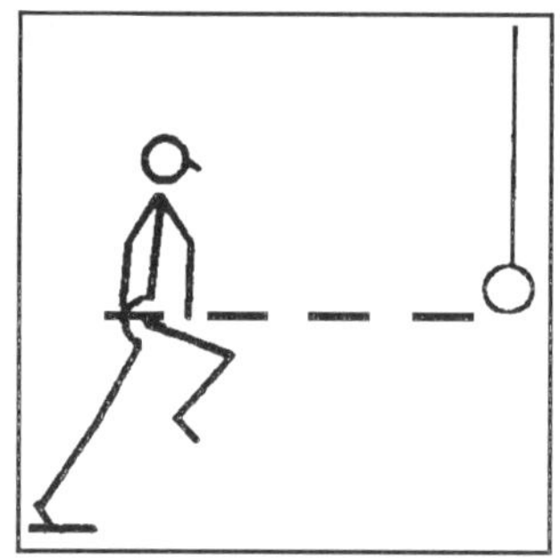

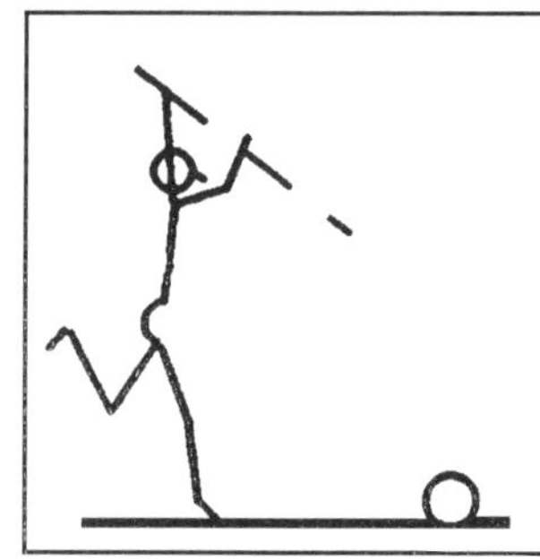

- aus dem Anlauf Treffen eines liegenden Balles oder eines liegenden Gymnastikreifens in der Weitsprunggrube (Abb. rechts)

Hang- und Pendelübungen am stehenden Stab

Ziel: Sammeln von Erfahrungen bei höherer Geschwindigkeit und größerer Griffhöhe

Geräte: - Weitsprunggrube, Weichbodenmatten
- Einstichstelle (im Sand, fester Widerstand vor den Weichmatten
- Stäbe mit oberen Griffmarkierungen

Ausführung:
- Griffhöhe festlegen (50cm über Reichhöhe)
- Stab wird vom Lehrer unter einem Winkel von ca. 45° gehalten (dabei links stehen)
- 5 Schritte lockerer Anlauf
- Absprung unter der oberen Griffstelle mit sofortigem Zugreifen
- Hang am gestreckten re. Arm in Schrittstellung und Vorbeipendeln rechts am Stab

Stabhochsprung - Hang- und Pendelübungen

Lernziel

Erlernen des Hängens am Stab, verbunden mit ersten Aufrollbewegungen

Sportanlagen und Geräte

- Weitsprunggrube, Stabhochsprung- oder Behelfsanlage, Weichbodenmatten
- Sprungkästen, Schaukelringe, hängendes Tau, Stabhochsprungstangen

Methodisch-organisatorische Hinweise

- Hang- und Pendelübungen zunächst ohne Anlauf und Einstich üben lassen
- Beobachtungspunkte:

  Zwiegriff, 50-60cm Griffabstand
  re. Arm gestreckt senkrecht über dem Kopf
  li. Arm gebeugt vor dem Kopf
  Abdruck des li. Fußes unter der re. Hand
  Hang am gestreckten re. Arm, Schrittstellung, Pendelschwung in Schrittstellung beginnen, dann Annäherung re. Bein an li. Bein

Hang- und Pendelübungen am hängenden Tau bzw. an Schaukelringen

Ziel: Erlernen der korrekten Hangposition und des Einleitens der Aufrollbewegung

Geräte: - Weichbodenmatten
- Sprungkasten
- Schaukelringe, Griff rechts um ca. 50cm höher gestellt, bzw. hängendes Tau

Ausführung:
- Stand auf Sprungkasten, ca. 2-3m hinter dem Aufhängepunkt der Ringe/des Seiles
- Griff in Reichhöhe, re. Arm gestreckt, li. Arm gebeugt (u.U. Ringehöhe verstellen)
- Beinabdruck zum Hang in Schrittstellung, Vorpendeln, Niedersprung am Ende des Vorschwunges (auf die Weichbodenmatten)

Hang- und Pendelübungen am stehenden Stab

Ziel: Erlernen der Hangposition und des Einleitens der Aufrollbewegung am Stab

Geräte: - Weichbodenmatten, Weitsprunganlage
- Sprungkasten
- Stäbe, Einstichstelle (fest, gegraben)

Ausführung:
- Stand auf Sprungkasten, ca. 1-2m hinter der Einstichstelle
- Griff in Reichhöhe, re. Arm gestreckt, li. Arm gebeugt
- Beinabdruck zum Hang in Schrittstellung
- a) Vorpendeln mit Grätschen der Beine zum **Hexenritt** in den Stand oder
- b) **Vorbeipendeln** rechts zum Stand

Einstichübungen vollständig aus dem Anlauf
Ziel: Festigen der vollständigen Einstichbewegung aus dem Anlauf in Verbindung mit den nachfolgenden Elementen
Geräte: - Stabhochsprung- oder Behelfsanlage
- Stäbe
- markierte Anlauf- und Absprungstelle

Ausführung:
- Griff und Trageweise siehe Imitationsübung
- Anlauf 5/7/9 Trab-, später Laufschritte
- Einstichbewegung während der letzten drei Schritte
- Absprung unter dem gestreckten re. Arm zum Hang in Schrittstellung (re. Arm bleibt lang)
- Pendel bzw. Aufrollbeginn zum Hexenritt/ Abschwung mit Landung/Stabweitsprung

Stabhochsprung - Einstichübungen

Lernziel
Erlernen der Einstichbewegung, verbunden mit der Schulung von Absprung, Hang und Pendeln

Sportanlagen und Geräte
- Stabhochsprung- bzw. Behelfsanlage mit Einstichmöglichkeit, Weitsprunggrube
- Stäbe

Methodisch-organisatorische Hinweise
- Behelfsanlage = Hochsprunganlage von der Schmalseite aus;
  als Einstich wird ein Gummiläufer angelegt
- Beobachtungsmerkmale: Einstichbeginn mit dem drittletzten Schritt, Streckung des re. Armes beim Fußaufsatz li., Absprungstelle unter der re. Hand (+ 20cm), Hang mit gestrecktem re. Arm und Schrittstellung, lang auspendeln, später bis zur Waagerechten aufrollen

Einstichübungen von der Schulter

Ziel: Aufbau der Einstichbewegung aus der Bewegung (Gehen, Traben, Laufen) und Verbindung mit den nachfolgenden Elementen Absprung, Hang, Aufrollen

Geräte: - Stabhochsprung- oder Behelfsanlage
- Stäbe

Ausführung:
- re. Hand greift etwas über Reichhöhe (mit Tempoerhöhung höher greifen), Zwiegriff
- 3-5 Schritte (zuerst gehen) mit Schieben der Stabspitze auf dem Boden, Stabende liegt auf der rechten Schulter
- im letzen Schritt (li.) Strecken des re. Armes über den Kopf, Absprung zum Hang in Schrittstellung, langes Pendeln mit gestrecktem re. Arm, Abschwung zur Landung

Einstichübungen (vollständig) - Imitation

Ziel: Aufbau der vollständigen Einstichbewegung aus der Bewegung; später in Verbindung mit den nachfolgenden Elementen

Geräte: - Stabhochsprung- oder Behelfsanlage
- Stäbe
- markierte Absprungstelle

Ausführung
- Zwiegriff, re. Hand greift etwas über Reichhöhe (später höher)
- Tragen des Stabes neben dem Körper mit gesenkter Spitze
- drittletzter Schritt (li.): re. Hand in Hüfthöhe
- vorletzter Schritt (re.): re. Hand in Kopfhöhe
- letzter Schritt (li.): re. Arm über dem Kopf
- mit Fußaufsatz li. Streckung des re. Armes, Bewegung endet in Absprungstreckung

Stabhochsprung - Gesamtbewegung
Ziel: Erlernen bzw. Festigen der Drehbewegung mit vertikaler Orientierung und damit Vervollkommnung der Gesamtbewegung
Geräte: - Stabhochsprung- oder Behelfsanlage
- Stäbe
- Markierer für Anlauf, Absprung, Höhe

Ausführung:
- Griff, Trageweise, Einstich, Absprung, Hang, langes Pendel, Aufrollen siehe "Einstichübungen"
- Anlauf 9 bis 13 Laufschritte
- Beginn der Zugbewegung des re. Armes und der Drehung um die Körperlängsachse, wenn sich die Füße - später die Unterschenkel, die Knie,... - in Höhe des Gummiseiles befinden
- Drehstreckung nach li. aufwärts um 180°
- zunächst Mitnahme des Stabes (ohne Lösen der Hände), später Abdruck vom Stab

Stabhochsprung - Drehung

Lernziel
Erlernen der Gesamtbewegung

Sportanlagen und Geräte
- Stabhochsprunganlage; Behelfsanlage, Weitsprunganlage mit Einstichmöglichkeit
- Stäbe
- Hochsprungständer, Gummiseil

Methodisch-organisatorische Hinweise
- zunächst mit kurzem, nicht zu schnellem Anlauf üben
- Griffhöhe immer so wählen, daß sich der Stab ohne Verzögerung aufrichten läßt
- Gummiband statt Latte verwenden
- u.U. Höhenorientierer für Drehbeginn einsetzen

Unterschwung mit ½ Drehung am Reck

Ziel: Erwerb von Bewegungsvorstellungen

Geräte: - kopfhohes Reck, später höher
- Hochsprungständer, Gummiseil
- Weichbodenmatten

Ausführung:
- Zwiegriff am kopfhohen (bis reichhohen) Reck - re. Kammgriff, li. Ristgriff
- Schrittstellung - li. Bein vorn
- Beinabdruck li., Schwungbeineinsatz re. Zur Einleitung des Unterschwunges (Armbeugung läßt sich bedauerlicherweise nicht vermeiden)
- Drehbeginn, wenn sich die Füße (später Unterschenkel, Knie,...) in Höhe der Reckstange befinden, durch Armzug und Körperstreckung
- ½ Linksdrehung zum Stand mit Kreuzgriff, mit Lösen der Hände, mit Überwinden einer Höhe (Gummiseil an Hochsprungständern)

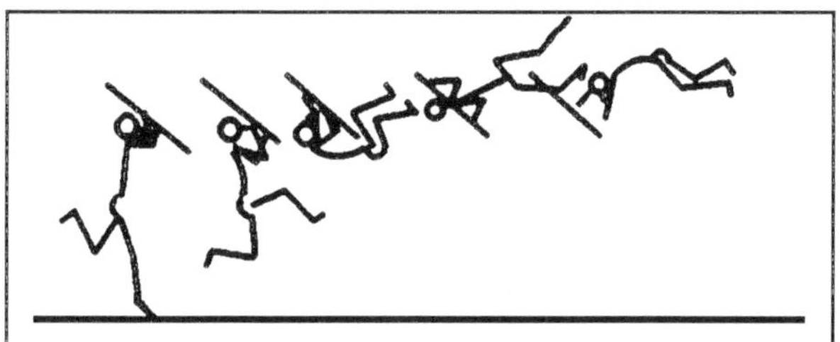

Stabweitsprung mit ½ Drehung

Ziel: Ausbildung und Vervollkommnung der Aufroll- und Drehbewegungen am Stab

Geräte: - Weitsprunganlage mit Einstich
- Stäbe
- Hochsprungständer, Gummiseil

Ausführung:
- Griff, Trageweise, Einstich, Absprung, Hang, langes Pendel und Aufrollen siehe "Einstichübungen"
- Beginn der Zugbewegung des re. Armes und der Drehung um die Körperlängsachse, wenn sich die Füße - später die Knie bzw. die Hüfte - in Kopfhöhe befinden
- Drehstreckbewegung nach links vorwärts/aufwärts um 180°
- Landung rücklings auf den Füßen, Stabende auf der linken Schulter oder Abdruck vom Stab

Stabhochsprung aus dem Anlauf
Geräte: Stabhochsprung- oder Behelfsanlage, Stäbe, Meßlatte
Ausführung: Stabhochsprung aus dem Anlauf (vgl. "Technik")
Wertung:
- Differenz zur Hochsprungleistung
- Differenz zur Körperhöhe
- Differenz zur Griffhöhe

Technikwettkampf

MERKMAL	gut (3)	mittel (2)	schlecht (1)
Trageweise	ruhig		unruhig
Anlauf	schnell	mäßig schnell	unrhythmisch
Einstich	schnell, exakt	exakt	nicht beendet
Absprung	genau, langer Arm	genau	ungenau Arm gebeugt
Aufrollen	Füße über Kopfhöhe	Füße bis Kopfhöhe	sofortige Drehung
Drehung	180°	90 - 180°	unter 90°
Überquerung	senkrecht	seitl., schräg	in Hockstellg.

Stabhochsprung - Wettbewerbe

Lernziel
Anwendung von Fertigkeiten im Stabhochsprung unter Wettkampfbedingungen und weitere Ausbildung von Elementen

Sportanlagen und Geräte
- Stabhochsprung- bzw. Behelfsanlage, Stäbe
- Weitsprunganlage mit Einstichmöglichkeit
- Reck, Hochsprungständer, Gummiseil
- Laufbahn, Stoppuhr

Methodisch-organisatorische Hinweise
- bei den Wettkampfformen auf solche Elemente konzentrieren, deren Ausführung weitestgehend beherrscht wird
- nach Möglichkeiten der relativen Bewertung der Leistung suchen, wie Differenz zwischen
  - Lauf mit und ohne Stab
  - Weitsprung mit und ohne Stab
  - Hochsprung mit und ohne Stab
  - Körperhöhe und Stabhochsprungleistung
  - Griffhöhe und Stabhochsprungleistung

Sprintlauf mit dem Stab
Geräte: - Laufbahn, Stäbe, Markierungen, Uhr
Ausführung:
- Sprintlauf mit Stab, der mit Zwiegriff - Stabspitze in Kopfhöhe - getragen wird
- Hochstart auf Kommando, 20m Sprint
- fliegender Start, 20m Sprint

Wertung:
- jeweilige Differenz zum Sprint ohne Stab
- Differenz zwischen Sprintlauf aus dem Hochstart und dem fliegenden Lauf

Unterschwung mit ½ Drehung am Reck
Geräte:- kopfhohes Reck, Hochsprungständer, Gummiseil, Weichmatten, Meßlatte
Ausführung:
- Unterschwung mit ½ Drehung am kopfhohen Reck über ein Gummiseil;
- aus dem Stand, Lösen der Hände von der Reckstange

Hinweise:
- sichere Landestelle vorbereiten
- Hilfeleistung gewährleisten
- Reckhöhe nach Körpergröße ändern
- Abstand des Gummiseils individuell

Wertung:
- Differenz zwischen Reckhöhe und Höhe des Gummiseils

Stabweitsprung
Geräte:- Weitsprunggrube mit Einstichstelle
- Stäbe, Bandmaß

Ausführung:
- aus dem Anlauf Stabweitsprung ohne und mit ½ Drehung

Hinweise:
- nur beidbeinige Landung benutzen
- Weitenmessung zwischen Absprung- und Landestelle (letzter Abdruck)

Wertung: Differenz zur Weitsprungleistung

Stabhochsprung am stehenden Stab
Geräte: - Stabhochsprung- oder Behelfsanlage
- Stäbe (Markierungen für die obere Griffstelle), Meßlatte

Ausführung:
- Griffhöhe individuell festlegen
- Lehrer hält den Stab mit 45°-Winkel an der Einstichstelle (steht f. Rechtshänder links)
- 5-7 Schritte Anlauf
- Zwiegriff zum Stab und Absprung unter der oberen Griffstelle
- Hang, Aufrollen, Drehung, Abstoß

Wertung:
- Differenz zur Hochsprungleistung
- Differenz zur Griffhöhe

X. Dreisprung

Technik

Technikausbildung

Notizen:

Dreisprung - Technik

Lernziel
Vermittlung von Grundkenntnissen zum Bewegungsablauf des Dreisprungs; Schwerpunktbildung für die technische Ausbildung

Vorbemerkungen
Für das Dreispringen unter schulischen Bedingungen sollte bedacht werden, daß die Ausbildung der Bewegungstechnik in den Vordergrund gestellt wird.
Als wesentliche Technikkriterien gelten
- nicht zu hohes Tempo aus mittlerem Anlauf
- geringer Geschwindigkeitsverlust während der Sprünge
- aktiver, nicht bremsender Fußaufsatz, vollständige Streckung, aktive Schwungbewegungen bei den Absprüngen
- flache Flugkurven
- Erhalt des Gleichgewichtes während der Teilbewegungen (Absprünge, Flüge, Landungen)
- Gleichmäßigkeit der Teilsprünge

Große Aufmerksamkeit ist besonders auf die Ausprägung des 2. Sprunges (step) zu richten.

Übungsreihung zur technischen Ausbildung
1. Mehrfachsprünge zur Schulung der aktiven Absprunggestaltung - z.B. Sprunglauf, Einbeinsprünge, hop-step-Sprünge li-li,re-re,li-li usw.
2. Dreisprünge zur Schulung des typischen Bewegungsablaufes - bei verminderter Geschwindigkeit z.B. aus dem Angehen, aus kurzem, langsamen Anlauf
3. Dreisprünge zur Vervollkommnung des Gesamtablaufes - aus immer länger und schneller werdendem Anlauf

Methodisch-organisatorische Hinweise
- Im Vordergrund sollte die technische Ausbildung, nicht die Leistungsentwicklung stehen
- Um Verletzungen und Schädigungen zu vermeiden, ist unbedingt folgendes zu beachten:
  körperliche Voraussetzungen der Schüler (besonders Stütz- und Bewegungsapparat)
  elastischer Untergrund
  geeignetes Schuhwerk
  niedrige Anlaufgeschwindigkeiten
  flache Flugbahnen
  geringer Übungsumfang, niedrige Intensität

Anlauf
- Länge ca. 11-15 Laufschritte
- Beschleunigunslauf - lockerer Ballenlauf mit hohem Kniehub; Erreichen einer nicht zu hohen Geschwindigkeit
- Aufrichten, geringe Schrittverkürzung während der letzen 3 Anlaufschritte

Hop
- Fußaufsatz mit ganzer Sohle
- nur geringes Nachgeben in den Gelenken
- vollkommene Absprungstreckung
- Schwungbeineinsatz bis in die Waagerechte, aufrechter Oberkörper, KSP kaum anheben
- im Flug Beinwechsel - gebeugtes Sprungbein bis zur Waagerechten, Vorpendeln des Unterschenkels zur Absprungvorbereitung

Step
- aktive Landung auf der ganzen Sohle kurz vor der KSP-Projektion (1-2 Fußlängen)
- explosiver Absprung, Hüfte vordrücken
- Schwungbeineinsatz bis in die Waagerechte
- Flug in entspannter Schritthaltung, aufrechter Oberkörper, Vorpendeln des Unterschenkels zur Absprungvorbereitung

Jump
- Absprung wie zum Step
- Flugphase als Schrittweitsprung
- Anheben beider Beine und Senken des Rumpfes zur Landevorbereitung

Landung
- beidbeiniger, paralleler Fußaufsatz vor den Knien, Becken über die Landestelle schieben

Technikwettkampf
Bewertungskriterien:

MERKMAL	gut (3)	mittel (2)	schlecht (1)
Anlauf	zügig genau	zügig	unrhythmisch ungenau
1. Absprung	explosiv nicht gestemmt	nicht gestemmt	gestemmt
Flugbahn	flach gestreckt	flach	zu hoch
Landungen	aktiv greifend	aktiv	passiv stauchend
Teilsprünge	gleichmäßig schnell	gleichmäßig	2. Sprung als Schritt
Gesamtverlauf	dynamisch rhythmisch	dynamisch	unrhythmisch

Dreisprung - Technikausbildung

Lernziel
Vermittlung elementarer technischer Fertigkeiten im Dreisprung

Sportanlagen und Geräte
- Dreisprung- bzw. Weitsprunganlage
- Laufbahn, Sportplatz- oder Hallenfläche

Methodisch-organisatorische Hinweise
- Die technische Ausbildung sollte durch vielfältiges Üben von Mehrfachsprüngen vorbereitet werden
- Es ist unbedingt darauf zu achten, daß Verletzungen und Schädigungen vermieden werden (vgl. "Dreisprung-Technik")
- Im Vordergrund der technischen Ausbildung sollte die Schulung des Grundrhythmus' stehen

Mehrfachsprünge Ziel: Schulung der aktiven Absprunggestaltung Geräte: - Laufbahn, Anlaufbahnen - Rasenflächen, Hallenfläche (auf Elastizität des Untergrundes achten!) Ausführung: (vgl."Sprint - Sprintkraft") **1. Sprunglauf (li-re-li-.. usw.)** **2. Einbeinsprünge (li-li-li-.. usw. oder re-re-re-.. usw.)** **3. Hop-step-Sprünge (li-li-re-re-li-li-re-..usw)** Hinweise: - aktiver, schlagender Fußaufsatz mit der ganzen Sohle (nicht stemmen!) - schnellkräftige vollständige Absprungstreckung - schnellkräftiger Einsatz des gebeugten Schwungbeines bis zur Waagerechten - flache Flugkurven und geradlinige Vorwärtsbewegung anstreben - aufrechter Oberkörper - gleichmäßig lange Sprünge ausführen, dabei insbesondere auf die Übergänge von links auf rechts oder umgekehrt achten	**Sprünge im Dreisprungrhythmus** Ziel: Schulung des Grundrhythmus´ Geräte: - Laufbahn, Anlaufbahnen - Rasenflächen, Hallenfläche - Weitsprung-/Dreisprunganlage Ausführung: **1. Dreisprungfolge (li-li-re-li-li-re-.. usw. oder re-re-li-re-re-li-.. usw.)** **2. Zweiersprünge hop-step aus dem Angehen oder aus 3-7 Anlaufschritten in die Grube** **3. Dreisprünge hop-step-jump aus dem Angehen oder aus 3-7 Anlaufschritten in die Grube** Hinweise: - vgl. Mehrfachsprünge - Anlauftempo nicht zu hoch werden lassen - hohe Flugkurven und stauchende Landungen vermeiden - auf gleichmäßig lange Teilsprünge achten, insbesondere jedoch beim Step

XI. Kugelstoß

Technik

Alternative Technik

Vorbereitende Übungen

Standstoß

Angleiten

Wettbewerbe

Notizen:

Übungsreihung zur technischen Ausbildung

1. *Frontalstöße* - Erfassen der Verbindung von Körperstreckung und Stoßbewegung
2. *Standstöße aus der Stoßauslage* - Erlernen des Einnehmens der Ausgangsstellung und des Stoßens mit größerem Bewegungsumfang
3. *Angleitübungen* - Erlernen der zweckmäßigen Gestaltung des Beschleunigungsweges
4. *Stöße aus dem Angleiten* - Zusammenführen der Teilbewegungen Angleiten und Standstoß zur Gesamtbewegung

---

Methodisch-organisatorische Hinweise

Für das Kugelstoßen sollten erleichternde Bedingungen geschaffen werden wie

- vereinfachte Techniken einführen (Standstoß, seitlicher Nachstellschritt, rückwärtiges Angehen)
- leichte Geräte verwenden
- geringe Beugewinkel in Knie- und Hüftgelenk
- Angleiten mit eingedrehtem Fuß
- verkürztes Angleiten
- Angleiten auf leicht fallender Unterlage (Holzsprungbrett)

Kugelstoß - Technik

Lernziel

Vermittlung von anwendungsbereiten Grundkenntnissen zum Bewegungsablauf des Kugelstoßes; Schwerpunktsetzung für die Technikausbildung

---

Vorbemerkungen

Der Bewegungsablauf wird in die folgenden Phasen untergliedert:

- Kugelhaltung und Ausgangsstellung: haben günstige Voraussetzungen für die Beschleunigung von Körper und Gerät zu schaffen
- Startphase und Angleiten: dienen einer ersten Beschleunigung und dem Aufbau der Verwringung
- Einnehmen der Stoßauslage: hat möglichst ohne Geschwindigkeitsverlust zu günstigen Stützverhältnissen zu führen
- Ausstoßbewegung und Abfangen: dient der abschließenden Beschleunigung der Kugel und der Ergebnissicherung

Kugelhaltung auf den Fingerwurzeln, Daumen und kleiner Finger stützend abgespreizt, in der Schlüsselbeingrube an rechter Halsseite
Ausgangsstellung aufrecht, mit dem Rücken in Stoßrichtung am hinteren Kreisrand
Auftaktbewegung durch Vorneigen des Rumpfes und Beugen des rechten Beines mit flachem Zurückführen und dann Heranziehen des linken Beines
Startbewegung als akives flaches Wegführen des linken Beines und Strecken des rechten Beines bei unveränderter Rumpfhaltung
Angleiten und Übergangsphase als schnelles, flaches Unterziehen des rechten Beines um ca. 2 Fußlängen mit Vordrehen der rechten Hüfte und des rechten Fußes; Oberkörper wird nicht mitgedreht; schnelles Aufsetzen des linken Fußes auf der Innenkante am Kreisrand; Aufbau der Verwringung zwischen Hüft- und Schulterachse
Stoßauslage mit Körpergewicht über dem rechten Bein; Rumpf wenig aufgerichtet, Rücken zeigt in Stoßrichtung, linker Arm entgegen der Stoßrichtung; linke Körperseite bildet eine Gerade, Verwringung zwischen Hüfte und Schultern
Ausstoßbewegung als Streckschwenkbewegung vom rechten Fuß beginnend um die linke Körperseite, wobei der Rumpf vollständig aufgerichtet und der Ellbogen in Schulterhöhe gebracht wird; die Kugel löst vom Hals, wenn Frontalstellung erreicht ist; vollständige Bein-, Rumpf-, Armstreckung unter Beibehaltung des Bodenkontaktes beider Füße

Standstoß
Ziel: Vereinfachung des Bewegungsablaufes; Konzentration auf die Streck-Schwenkbewegung und das Ausstoßen der Kugel
Geräte: - Freifläche
- kleine Vollbälle, Kugeln
Ausführung:
1. Standstoß aus der seitlichen Stoßauslage
Seitstellung; Körpergewicht ruht über dem gebeugten re. Bein; keine Verwringung im Rumpf
2. Standstoß aus der Verwringung
Rücken zeigt in Stoßrichtung; Körpergewicht ruht über dem gebeugten re. Bein; re. Fuß und re. Hüftseite um ca. 45-60° nach li. vorgedreht; Verwringung im Rumpf; Abstoßstreckung kann mit Auftaktbewegung des li. Beines eingeleitet werden

Kugelstoß - Alternative Technik

Lernziel
Vermittlung von Kenntnissen zur vereinfachten Ausführung des Kugelstoßens

Vorbemerkungen
Die Ausführung des Kugelstoßens in der Technik des rückwärtigen Angleitens birgt einige Schwierigkeiten in sich, die zu Motivationsverlusten führen können. Es ist wegen der notwendigen Kraft- und koordinativen Voraussetzungen nicht leicht, die z.T. stützlose Phase des Angleitens (relativ große Beugewinkel, Koordination von Schub-, Schwung-, Zug-, Drehbewegungen der Beine, Aufbau der Verwringung, Gewichtsverlagerung nach hinten bei gleichzeitiger Vorwärtsbewegung) erfolgreich zu gestalten.
Als alternative Lösungen bieten sich daher Abläufe an, die entweder das Angleiten zum "Angehen" oder "Anlaufen" (unter Beibehaltung des Bodenkontaktes) werden lassen oder ganz darauf verzichten.

Stoß nach seitlichem Nachstellschritt

Ziel: Vereinfachung der Beschleunigung Körper/ Gerät durch Wegverkürzung und Beibehaltung des Bodenkontaktes

Geräte: - Freifläche, Kugelstoßanlage, Kugeln

Ausführung:

- Seitstellung, Körpergewicht ruht über re. Bein
- seitlicher Nachstellschritt li-re-li (auch impulshaft) in die seitliche Stoßauslage, wobei das Körpergewicht nicht nach vorn verlagert und der Rumpf nicht vorgedreht werden soll
- seitliche Stoßauslage: Körpergewicht ruht über dem gebeugten re. Bein, li. Körperseite bildet eine Gerade, li. Arm wird gebeugt vor der Brust gehalten, keine Verwringung
- weiterer Ablauf vgl. "Kugelstoß - Technik"

Stoß nach rückwärtigem Angehen

Ziel: Beibehaltung des Bodenkontaktes in der ersten Beschleunigungsphase

Geräte: wie vorn

Ausführung:

- Grundstellung am hinteren Kreisrand, Knie und Hüfte gebeugt, Rücken in Stoßrichtung
- Schritt li., Schritt re. mit Vordrehen der re. Hüfte und des re. Fußes, Schritt li. und Aufsetzen des li. Fußes auf der Innenkante am Kreisrand zur Stoßauslage - Ausführung auch impulshaft, aber dabei nicht springen
- dabei das Körpergewicht hinten halten, den Rumpf nicht aufrichten und nicht vordrehen, die Verwringung aufbauen
- weiterer Ablauf vgl. "Kugelstoß - Technik"

Einfache Stoßübungen in Spielform

Ziel: Häufiges und intensives Üben der Ganzkörperstreckung und der Armführung

Geräte: - Sportplatz, Hallenfläche
- Vollbälle (2 - 4 kp)

Ausführung (als Stoßbewegung):

- Stöße über eine Leine mit Platzwechsel

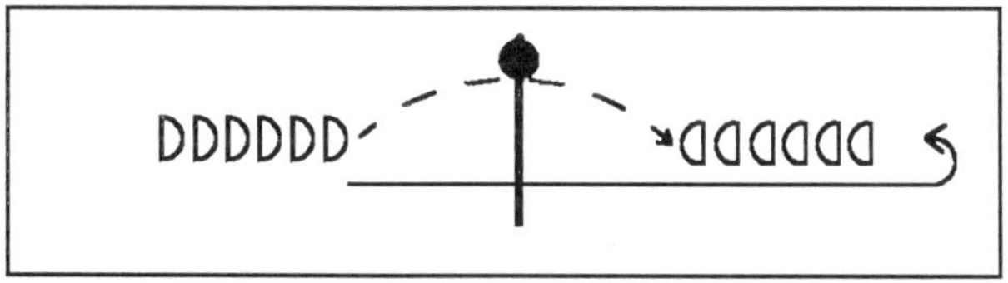

- Wettwanderball (Gasse oder Kreisaufstellung)

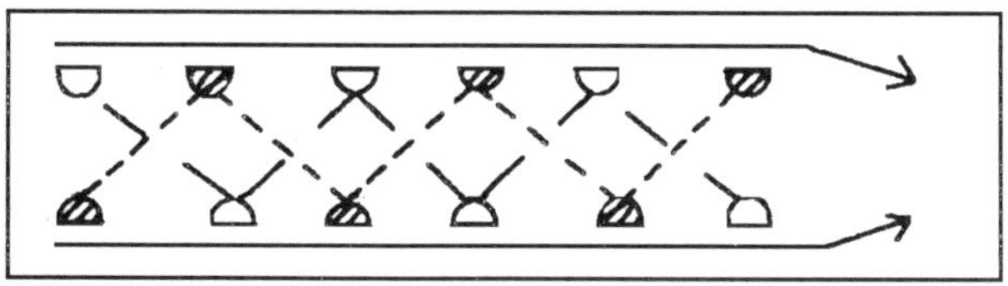

- Abduckball

Kugelstoß - vorbereitende Übungen

Lernziel

Gewöhnung an den Umgang mit dem Gerät; Erfassen des Unterschiedes zum Wurf; Erlernen des Koordinierens von Gesamtkörperstreckung und Ausstoßbewegung

Sportanlagen und Geräte

- größere Freifläche, Hartplatz, Sandgrube
- Markierungen für die Aufstellungsform
- kleine Vollbälle, Kugeln, Ersatzgeräte

Methodisch-organisatorische Hinweise

- genügend Geräte bereitstellen (Kugeln, kleine Vollbälle, Ersatzgeräte von 2-5 kp wie Feldsteine, Sandsäcke, Kurzhanteln), um eine hohe Übungsintensität zu gewährleisten
- Sicherheitsmaßnahmen ergreifen durch Festlegung der Aufstellungsform, des Sicherheitsabstandes, der Übungsabfolge, des Signals zum Übungsbeginn, des Gerätetransportes
- beim Stoßen insbesondere auf Kugelhaltung, Ganzkörperstreckung, Armführung achten

Übungen zur Gewöhnung an die Kugel

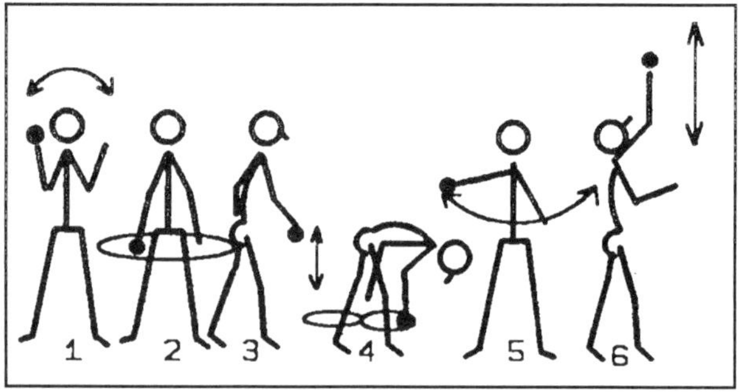

Ziel: Sammeln von Erfahrungen zur Beschaffenheit des Gerätes

Geräte: - geeignete Übungsfläche
- Kugeln (je Schüler eine)

Ausführung:

- (1) Übergeben der Kugel von einer Hand zur anderen
- (2) Kreisen um den Körper mit Übergeben
- (3) Greifen nach der fallenden Kugel (Verletzungsmöglichkeit ausschließen!)
- (4) Achterkreisen um die gegrätschten Beine mit Übergeben
- (5) Pendeln im Grätschwinkelstand mit leichtem Wurf in die andere Hand
- (6) leichtes Hochstoßen und Auffangen

Erste Stoßübungen

Ziel: Erfassen des Stoßens als Ganzkörperbewegung; Erfassen der Armführung

Geräte: - Hartplatz
- Kugeln, kleine Vollbälle, Ersatzgeräte

Ausführung:

- (1) Frontalstöße beidhändig oder einhändig aus der Schrittstellung, auch über Höhenorientierer
- (2) Frontalstöße aus der Hockstellung mit aktiver Beinstreckung, auch mit sprunghaftem Abstoß
- (3) Seitliche Ausgangsstellung, Abstoß nach Vierteldrehung, auch aus der Hockstellung
- (4) Stöße aus dem Knien, aus dem Sitz - Erfassen der Wirkung des kurzen Arbeitsweges

Übungen zur Verbesserung des Abstoßes

1. Vollballstöße mit angehobenem Ellbogen

Ziel: Verbesserung der Armführung

Ausführung:

- Ausgangsstellung mit rechtwinklig angehobenem re. Ellbogen
- Armstreckung mit Ellbogen in oder über der Schulterhöhe, Handfläche öffnet nach außen

2. Stoßen über Höhenorientierer

Ziel: Verbesserung der Abstoßstreckung, Vermeiden des Abknickens nach vorn, Optimierung des Abflugwinkels

Ausführung:

- Stoßen über eine Leine
- Stoß endet im Zehenstand mit beidbeinigem Bodenkontakt

3. Stoßen bei gleichzeitigem Mitstrecken des li. Armes in die Stoßrichtung

Ziel: Verbesserung der Abstoßstreckung, Vermeiden des Abknickens zur li. Seite

Ausführung:

- Beim Ausstoßen wird der li. Arm angehoben und parallel zum re. Arm mitgestreckt.
- Der Stoß endet im Zehenstand mit beidbeinigem Bodenkontakt; Arme zeigen in Stoßrichtung.

Kugelstoß - Standstoß

Lernziel

Erlernen des Stoßens aus einer stabilen Ausgangsstellung unter Nutzung der Vorspannung der Rumpfmuskulatur (Verwringung); Festigung der Armführung

---

Sportanlagen und Geräte

- geeignete Freifläche
- Kugeln, Vollbälle bis 4 kp, Behelfsgeräte
- Hochsprungständer, Leine (Höhenorientierer)

Methodisch-organisatorische Hinweise

- Sicherheitsmaßnahmen ergreifen
- häufiges Üben gewährleisten (viele Geräte, zweckmäßige Aufstellung, Wege vermeiden)
- Beachtung der korrekten Ausführung bei
    Halten und Anlegen der Kugel
    Aufstellen der Füße
    Einnehmen der Stoßauslage
    Einleiten und Ausführen der Streck- bzw. Streckschwenkbewegung
    Stoßarmbewegung

Standstoß aus der seitlichen Stoßauslage

Ziel: Ausbildung der Streckschwenkbewegung und der Ausstoßbewegung (beides koordiniert) unter erleichterten Bedingungen (geringe Beugung im rechten Knie, kurzer Arbeitsweg, ohne Verwringung)

Geräte: - wie vorn

Ausführung:

- Anlegen der Kugel, Ellbogen leicht angehoben (Vollball mit beiden Händen an re. Schulter am Körper halten, beide Ellbogen anheben)
- Seitstellung, Fußabstand ca. 50-70cm
- Beugen des re. Knies, Gewichtsverlagerung über den re. Fuß, li. Körperseite bildet Gerade, li. Arm gebeugt vor dem Körper
- Streckbewegung beginnt im re. Fuß, Schwenken um die li. Seite
- Ausstoßen mit Ellbogen in Schulterhöhe, Handfläche zeigt nach außen, vollständige Streckung, Füße bleiben am Boden, Abflugwinkel ca. 35-40°

Standstoß aus der rückwärtigen Auslage

Ziel: Aufbau der Verwringung; stärkere Einbeziehung der Rumpfmuskulatur in die Abstoßstreckung

Geräte: - wie vorn

Ausführung:

- Anlegen der Kugel wie vorn
- Seitstellung, re. Fuß um ca. 45° nach hinten gedreht, Fußabstand ca. 50-70cm
- Beugen des re. Knies, Gewichtsverlagerung über den re. Fuß, Schultern rechtwinklig zur Stoßrichtung zurückdrehen, li. Arm und Blick nach hinten gerichtet, li. Körperseite bildet Gerade - Verwringung zwischen Becken- und Schulterachse
- Strecken wie vorn
- verstärkte Schwenkbewegung durch Auflösen der Verwringung
- Ausstoßen wie vorn

Kugelstoß - Angleiten

Lernziel

Erlernen und Festigen des Gleitens in die Stoßauslage ohne und mit Gerät; Aufbau der Verwringung

Sportanlagen und Geräte

- geeignete Freifläche, fester Untergrund
- Kugeln, Vollbälle bis 4 kp, Behelfsgeräte

Methodisch-organisatorische Hinweise

- Sicherheitsbestimmungen beachten
- großen Übungsumfang organisieren (Gerätanzahl, geeignete Aufstellung, kurze Wege)
- Beachtung der Bewegungsmerkmale
  Einnehmen der Ausgangsstellung
  flacher Einsatz des Schwungbeines
  flacher Abdruck des rechten Fußes
  flaches Gleiten (nicht Springen)
  Drehen von re. Fuß, Knie, Hüftseite in Stoßrichtung, dabei
  keine Veränderung im Rumpf; Kugel bleibt zurück; Verwringung
  Einnehmen einer stabilen Stoßauslage

Angleiten in die Stoßauslage
Ziel: zeitlich-räumliches und dynamisches Erfassen des Ablaufes Gleiten/Stoßauslage (Landerhythmus rechts-links fast gleichzeitig)

1. Angleiten auf einer Linie oder über eine Gasse (ca. 2 Fußlängen)

2. Angleiten gegen Partnerwiderstand
Ausführung: Partner steht hinter dem Übenden und faßt ihn an beiden Händen oder nur an der li. Hand, um Rumpf zurückzuhalten (gute Kontrolle der Bewegungsausführung möglich).

3. Angleiten in die Stoßauslage - Kontrolle der Stoßauslage - Standstoß
Hinweis: nützliche Kontrollmöglichkeit für die Güte des Einnehmens der Stoßauslage
Werden Weiten erreicht wie beim Standstoß ohne Angleiten, empfehlen sich Gesamtabläufe.

Übungen für den Schwungbeineinsatz
Ziel: Schulung des energischen, flachen Einsatzes des Schwungbeines zu Beginn des Angleitens

1. Gleiten mit Partnerhilfe am Schwungbein
Ausführung: kurzes Gleiten, wobei ein Partner das Schwungbein erfaßt und seinen Einsatz mitführt (auch mit Zug an einem Seil, das am Schwungbeinfuß befestigt wird) - Abb. links

2. Gleiten mit Wegstoßen eines Vollballes
Ausführung: kurzes Gleiten, wobei mit der Ferse des Schwungbeines ein Medizinball weggestoßen wird - Abb. rechts

3. Schwungbeineinsatz in den Spreizstand
Ausführung: kräftiger Schwungbeineinsatz in den Spreizstand ohne Gleitbewegung und ohne Veränderung der Rumpfhaltung

Übungen für den Fußabdruck
Ziel: -Schulung des Abdrucks zur Einleitung des Angleitens

1. Hüpfen mit Streckung der Knie - Abb. links
2. Hüpfen rückwärts vom Ort - Abb. rechts

Technikwettkampf

MERKMAL	gut (3)	mittel (2)	schlecht (1)
Angleiten rw. Angehen stl. Nachstel-len	raumgreifend flach, nicht gesprungen	nicht kurz gesprungen	kurz gesprungen
Fußaufsatz links-rechts	schnell	kaum verzö-gert	lange Pause
Stoßauslage	re. Knie verdeckt Fußspitze Kugel hinter re. Fuß	Kugel zwisch. re. und li. Fuß	Kugel über oder vor li. Fuß
Verwringung	über 45°	erkennbar	ohne
Armführung	Ellbog. hinter der Kugel hoch	Ellbog. hinter der Kugel	Kugel eher geworfen
Streckung	explosiv vollkommen	zügig vollkommen	langsam abgeknickt

Kugelstoß - Wettbewerbe

Lernziel

Anwendung von Fertigkeiten im Kugelstoßen unter Wettkampfbedingungen bei gleichzeitiger Festigung einzelner Elemente

Sportanlagen und Geräte

- Kugelstoßanlage bzw. geeignete Freifläche
- Kugeln, Behelfsgeräte
- Markierungen, Höhenorientierer
- Bandmaß

Methodisch-organisatorische Hinweise

- Sicherheitsmaßnahmen ergreifen
- an Relativleistungen orientieren
- schnelle Meßverfahren einsetzen (z.B. Linien für Weitenbereiche, flache Steckmarken, leicht verstellbare Ständer für Höhenmarkierung)

Medizinball-Hochstoßen - Abb. links
Geräte: Freifläche, Stabhochsprungständer, Gummiseil, Medizinbälle, Abstoßmarke
Ausführung: Aufstellung in Stoßauslage ca. 1-2 m vor Stabhochsprungständern (markieren!); Überstoßen des Gummiseils
Hinweise: etwa gleich gute Schüler in Gruppen zusammenfassen; Höhe steigern - nach zweimaligem Scheitern leichteren Ball verwenden; Stoß- bzw. Wurfart variieren

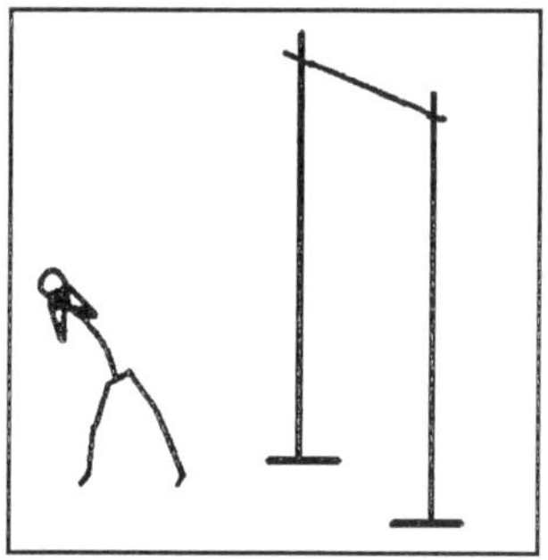

Hoch-Weit-Stoßen - Abb. rechts
Geräte: Freifläche, Hochsprungständer, Gummiseil, Kugeln, Entfernungmarkierungen
Befestigung des Gummiseils in 2,00 bis 2,50 m Höhe; Entfernung der 1. Linie 3 m vom Höhenorientierer, dann je Linie 1 m mehr
Ausführung: Standstoß über das Gummiseil von den Abstandslinien; bei Erfolg Vergrößerung des Abstandes; zweiter Pflichtversuch mit gleicher Kugel, dann leichtere Kugel nehmen
Hinweis: etwa gleich gute Schüler in Gruppen zusammenfassen
Wertung: größte Entfernung zur Anlage bei geringster Anzahl von Versuchen

Stoßen und Treffen
Geräte: Freifläche, Medizinbälle
Ausführung: 2 Schülerpaare nehmen überkreuz Aufstellung; ein Paar stößt sich einen Medizinball zu, das andere Paar versucht, den fliegenden Ball mit seinem Medizinball abzustoßen
Wertung: Welches Paar trifft mit weniger Versuchen?

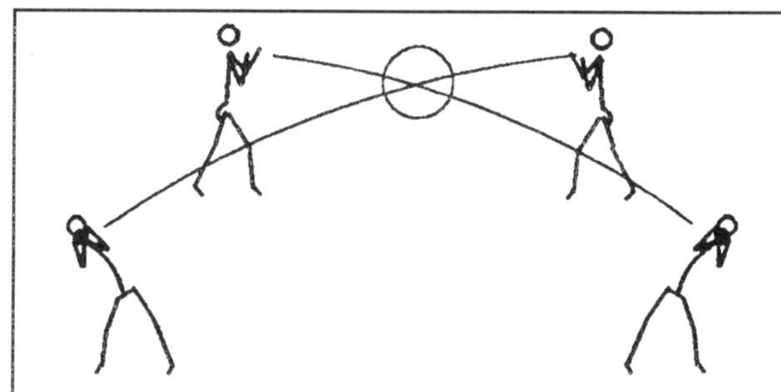

XII. Schlagwurf

Technik

Standwurf

Werfen mit Anlauf

Speerwurf

Wurfkraft

Wettbewerbe

Notizen:

Schlagwurf - Technik

Lernziel
Vermittlung von Grundkenntnissen zum Bewegungsablauf des Schlag(weit)werfens

Vorbemerkungen
Die Technikbeschreibung bezieht sich auf die Verwendung kompakter Wurfgeräte (Schlag-, Tennis-, Cricket-, Nockenbälle usw.). Es wird auf eine Bewegungskombination aus zyklischem und azyklischem Anlaufteil sowie der eigentlichen Wurfausführung orientiert, wobei während des azyklischen Anlaufteiles die eigentliche Abwurfvorbereitung erfolgt. Der azyklische Anlaufteil umfaßt drei Anlaufschritte (Dreischrittrhythmus), für den "langen" Speer fünf Anlaufschritte (Fünfschrittrhythmus).
Zur Erleichterung des Bewegungsablaufes könnte auf den zyklischen Anlaufteil verzichtet werden und außerdem der azyklische Teil mit bereits gestrecktem Wurfarm, also ohne Ausholbewegung, ausgeführt werden.

Übungsreihung zur technischen Ausbildung
1. **Überkopfwürfe als Standwürfe mit allmählicher Verlängerung des Abwurfweges** - zum Erlernen der für den Schlagwurf typischen Armführung und der Koordination von Bein-Rumpf-Armeinsatz
2. **Schlagwürfe aus der Bewegung bei gestrecktem Wurfarm** - zum Erlernen der Abfolge des Dreischrittrhythmus'
3. **Würfe aus dem Dreischrittrhythmus mit Ausholbewegung** - zur Schulung der Koordination von Vorwärtsbewegung des Gesamtsystems und Rückführen des Wurfarmes
4. **Würfe aus verlängertem Anlauf und Dreischrittrhythmus** - zur Ausbildung einer effektiven Gesamttechnik

Methodisch-organisatorische Hinweise
- Sicherheit gewährleisten u.a. durch ausreichend seitlichen Abstand und Verbot des Zurückwerfens bei weiten Würfen
- zur Technikausbildung auch Verwendung von leichten Geräten (Tennis-, Soft-, Indiakabälle), die gegen die Wand geworfen werden können oder nicht weit fliegen - Wegverkürzung

Griff, Trageweise, zyklischer Anlauf	Azyklischer Anlauf - Dreischrittrhythmus	Wurfauslage, Bogenspannung	Abwurf, Abfangen

- Gerät liegt auf den Fingerwurzeln, alle Finger umfassen es - G. in Kopfhöhe über der Schulter tragen - Aufstellung frontal in Laufrichtung, Grundstellung oder leichte Schrittstellung - 3-7 Anlaufschritte in mittlerer Geschwindigkeit - G. ohne starke Armbewegungen tragen	- Lauf über die Fersen mit Körperrücklage - 1. Schritt (re./li.):aktiv, lang, re. Arm in Schulterhöhe rückw. führen; Rückdrehen re. Körperseite und li. Arm - 2. Schritt (li./re.):flach, raumgreifend, impulshaft (Impulsschritt) - 3. Schritt (re./li.): verkürzt; Fußaufsatz greifend; fixiertes Kniegelenk; Körperrücklage	- deutliche Körperrücklage bei Parallelität von Hüfte und Schultern - locker gestreckter re. Arm in Verlängerung der Schulterachse - Fortführung der Beinstreckung re. gegen das li. fixierte Bein und Rumpfdrehung um die li. Körperseite - Vordrehen der Wurfschulter und Eindrehbeginn im re. Arm	- Auflösung der Bogenspannung durch Vorwärts-aufwärts-Schlagen des Ellenbogens - einsetzende "Rumpfschleuder" und Strekken im li. Bein - Abbremsen der Ellbogenbewegung und Unterarmschleuder re. - Hinübertreten von li. auf re., wenn der Abwurf beendet ist

Standwurf als Schlagwurf über Kopf mit langem Abwurfweg und Auftaktschritt

Ziel: Verlängerung des Abwurfweges durch Schrittbewegung li.; Schulung des "Überkopf"-werfens; Koordination der Teilbewegungen

Geräte: - wie vorn

Ausführung: einhändiger Überkopfwurf nach Auftaktschritt li. mit gestrecktem Wurfarm

- Schlußstellung mit leichter Schrägstellung der Füße, "sitzen", Rumpf und Hüfte rückgedreht, Wurfarm locker nach rückwärts in Verlängerung der Schulterachse gestreckt, li. Arm zeigt rückwärts
- Schritt li. in die Wurfauslage und gleichzeitig
- Wurfeinleitung durch Beinstreckung re., Aufbau der Bogenspannung, Schlagwurf

Schlagwurf - Standwurf

Lernziel

Erlernen der schlagwurftypischen Armbewegung und der Koordination der Teilbewegungen von Beinen, Rumpf und Armen

Sportanlagen und Geräte

- geeignete Freifläche
- Auffangfläche für Wurfgeräte (Wand, Netz)
- Bälle aller Art (bis max. 800g), auch Tennis-, Soft-, Indiakabälle
- Höhenorientierer

Methodisch-organisatorische Hinweise

- Sicherheitsmaßnahmen gewährleisten
- häufiges Üben ermöglichen (ausreichend Geräte, durchdachte Aufstellung, kurze Wege)
- Beachten der korrekten Ausführung bei
  - Greifen und Halten des Gerätes
  - Fußstellung
  - Beugewinkel in Wurfauslage
  - Koordination der Streckdrehbewegung
  - Wurfarmbewegung

Standwurf als Überkopfwurf mit verkürztem Abwurfweg

Ziel: Konzentration auf die "Überkopf"bewegung des Wurfarmes; Koordination von Beinstreckung, Rumpf- und Armeinsatz

Geräte: - wie vorn

Ausführung: als beidhändiger (mit Handball) oder einhändiger Überkopfwurf in Frontalstellung; Fußstellung parallel oder in Schrittstellung - auch aus dem Sitzen oder Knien

- leichte Beugestellung der Beine ("sitzen"), leichte Körperrücklage
- Ausholbewegung nur über der Schulter, nicht seitlich und ohne deutliches Rückdrehen von Rumpf und Hüfte
- gezielter Schlagwurf vorwärts-aufwärts (Verwendung von Höhenorientierern)

Standwurf als Schlagwurf über Kopf mit langem Abwurfweg

Ziel: Verlängerung des Abwurfweges unter Beibehaltung der "Überkopf"bewegung des Wurfarmes; Koordination von Bein-, Rumpf- und Armeinsatz

Geräte: - wie vorn

Ausführung: als einhändiger Überkopfwurf aus der Wurfauslage mit gestrecktem Wurfarm

- Schrittstellung li. vor re. mit leichter Schrägstellung der Füße nach re. (ca. 30°)
- "sitzen", leichte Körperrücklage
- Wurfarm locker in Verlängerung der Schulterachse nach rückwärts gestreckt mit Rückdrehen von Rumpf und Hüfte; li. Arm zeigt rückwärts
- Wurfeinleitung durch Beinstreckung, Aufbau der Bogenspannung, Schlagwurf vorwärts-aufwärts

Wurf aus verlängertem Anlauf
Ziel: Erlernen und Festigen der Gesamtbewegung, insbesondere der Verbindung von zyklischem und azyklischem Anlaufteil
Geräte: - wie vorn
Ausführung:
- Ausgangsstellung beliebig, Wurfarm gebeugt, Hand in Kopfhöhe
- 3 bis 7 lockere Anlaufschritte (vom Gehtempo zum Steigerungsanlauf), dabei den Wurfarm ohne wesentliche Schwankungen tragen
- Erreichen der Markierung zum Dreischritt-rhythmus mit rechts
- Dreischrittrhythmus als "Sitz"lauf über die Fersen mit Körperrücklage, Ausholbewegung mit Armstreckung, Impulsschritt, Wurfauslage
- Streckdrehbewegung, Bogenspannung, Überkopfabwurf

Schlagwurf - Werfen mit Anlauf

Lernziel
Erlernen und Festigen des azyklischen Anlaufes und der Verbindung mit dem zyklischen Anlauf

Sportanlagen und Geräte
- geeignete Freifläche
- Auffangfläche für Wurfgeräte (Wand, Netz)
- Bälle aller Art (bis max. 800g), auch Soft-, Tennis-, Indiakabälle

Methodisch-organisatorische Hinweise
- für Sicherheit sorgen
- hohe Übungsdichte organisieren (Anzahl der Geräte, Aufstellung, kurze Wege)
- Beachten der korrekten Ausführung bei
  - Ausgangsstellung
  - Griff und Trageweise
  - Schrittgestaltung, insbesondere beim Impulsschritt
  - Wurfauslage, Wurfarmstreckung
  - Streckdrehbewegung
  - Überkopfabwurf

Wurf aus dem Dreischrittanlauf mit Impulsschritt, jedoch ohne Ausholbewegung

Ziel: Erlernen, Festigen der Schrittfolge des Dreischrittrhythmus'; Wegverlängerung und Geschwindigkeitserhöhung beim Abwurf

Geräte: - wie vorn

Ausführung:

- Ausgangsstellung Schlußstand, "sitzen", re. Körperseite zurückgedreht, re. Arm in Verlängerung der Schulterachse gestreckt, li. Arm zeigt nach rückwärts
- zunächst Angehen, später Anlaufen über die Fersen; dabei deutliche Körperrücklage
- 2. Schritt (li./ re.) impulshaft beschleunigen, länger und flach halten (=Impulsschritt)
- Wurfauslage mit noch gestrecktem Wurfarm einnehmen, Bogenspannung, Überkopfabwurf

Wurf aus demDreischrittanlauf mit Impulsschritt und Ausholbewegung

Ziel: Erlernen und Festigen der Koordination von Arm- und Beinbewegungen; Optimierung der Abwurfvorbereitung

Geräte: - wie vorn

Ausführung:

- Ausgangsposition Schlußstand frontal, "sitzen", Wurfarm gebeugt, Hand in Kopfhöhe
- 1. Schritt (auf li.) mit Rückdrehen der re. Körperseite und Wurfarmstreckung in Verlängerung der Schulterachse
- über die Fersen anlaufen (angehen), deutliche Körperrücklage, Impulsschritt
- Wurfauslage mit gestrecktem Wurfarm, Aufbau der Bogenspannung, Überkopfabwurf

Schlagwurf - Speerwurf

Technikbeschreibung

Griff und Trageweise

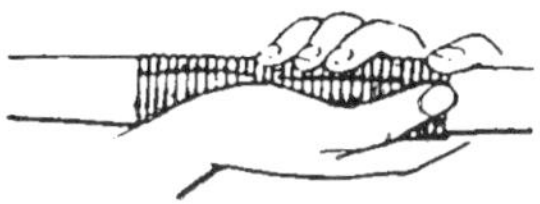

5-Schritt-Rhythmus

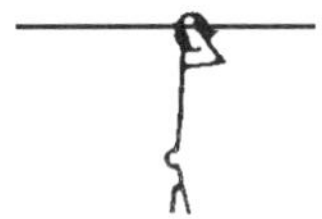

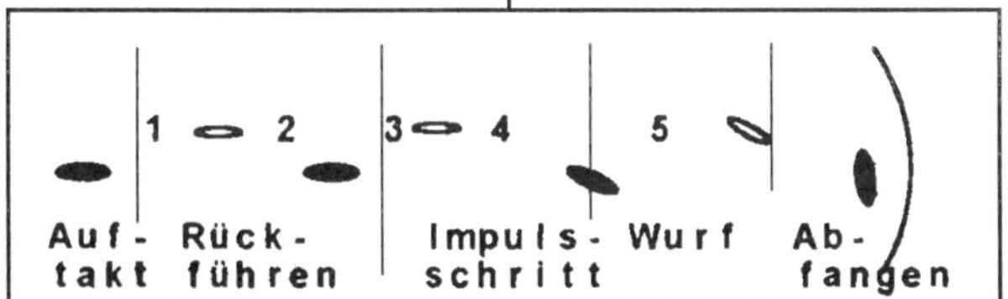

Griff und Trageweise

- Speer liegt zwischen beiden Handballen längs in der Hand
- Daumen und Zeigefinger oder Mittelfinger umfassen den Speer hinter der Wicklung
- Speer in Stirnhöhe über der Schulter tragen; Handrücken zeigt dabei nach außen

5-Schritt-Rhythmus

- Lauf über die Fersen mit Körperrücklage
- 1. Schritt (re./li.):aktiv lang; Speerrücknahme beginnen und bis
- Ende 3. Schritt beenden: Arm in Schulterhöhe rückw. führen, re. Körperseite u. li. Arm zurückdrehen, Körperrücklage verstärken
- 4. Schr.: Impulsschritt
- 5. Schr.: Wurfauslage

Lernziel

Erlernen und Festigen von Griff und Trageweise sowie insbesondere des 5-Schritt-Rhythmus

Sportanlagen und Geräte

- geeignete Freifläche
- Speere

Methodisch-organisatorische Hinweise

- unbedingt Sicherheitsvoraussetzungen erfüllen (kein Zuwerfen, kein Zurückwerfen, ausreichender Seitenabstand)
- in der Ausbildung insbesondere die Veränderungen gegenüber dem Ballwerfen erarbeiten
  - Griff und Trageweise
  - 5-Schritt-Rhythmus
- auf die Darstellungen der Karteikarten "Schlagwurf - Technik", "Schlagwurf -Standwurf", "Schlagwurf - Werfen mit Anlauf" zurückgreifen

Übungen zur Gewöhnung an den Speer
Ziel: Sammeln von Erfahrungen über die Beschaffenheit des Gerätes
Geräte: - geeignete Übungsfläche
- Speere, Gymnastikstäbe
Ausführung:
- Ristgriff beidhändig über Schulterbreite - „Achterkreisen"
- Ristgriff beidhändig über Schulterbreite - Ausschultern, Einschultern (fester Griff muß dabei gelockert werden zu "Daumengriff")
- Erfassen des Speeres in der üblichen Weise; Bekanntmachen mit dem Schongriff (Speer wird zwischen Zeige- und Mittelfinger auf die Hand gelegt)
- Trage- und Laufübungen mit dem Speer

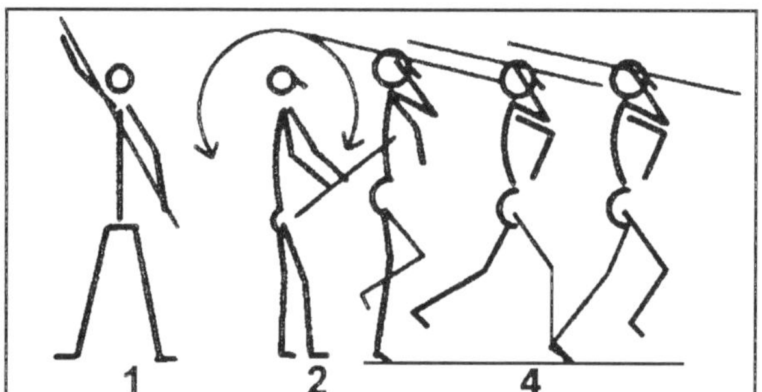

Erste Wurfübungen aus dem Gehen
Ziel: Erfassen der Armführung als Überkopfbewegung und des Flugverhaltens des Gerätes
Ausführung:
- im Gehen den Speer mit gestrecktem Arm ruhig über Kopfhöhe tragen
- leichtes Ausholen durch Rückführen des Armes über der Schulter ohne Rückdrehen des Rumpfes
- Überkopfabwürfe aus der diagonalen Schrittstellung ohne größeren Krafteinsatz

Standwürfe und Werfen mit Anlauf (bzw. aus dem Gehen) - vgl. Ballwürfe
Erarbeiten des 5-Schritt-Rhythmus'
Ausführung:
- Ausgangsstellung Schlußstand frontal, "sitzen", Speer über der Schulter in Stirnhöhe
- 1. Schritt (auf li.) = Beginn des Rückdrehens der re. Körperseite und der Wurfarmstreckung in Verlängerung der Schulterachse (am Speer "vorbeigehen") - mit 3. Schritt beenden
- über die Fersen angehen, Körperrücklage
- 4. Schritt - Impulsschritt
- 5. Schritt - Wurfauslage mit gestrecktem Wurfarm, Bogenspannung aufbauen, Abwurf

Abduckball-Staffel (Vollball; Wurfart beliebig)
Ausführung: Die Gruppen stellen sich in Reihe nebeneinander auf. Jeder Gruppe steht ein Zuspieler gegenüber, der zum ersten Spieler wirft. Dieser wirft zurück und hockt sich anschließend hin usw. Der letzte Spieler läuft mit dem Ball auf den Platz des Zuspielers, dieser nimmt als erster Spieler seiner Gruppe Aufstellung, bekommt den Ball zugeworfen usw.

Ball gegen die Wand (Handball, Wurfart beliebig)
Ausführung: Die Gruppen stellen sich in Linie vor einer Wand auf. Der erste Spieler wirft gegen die Wand, der zweite fängt, wirft gegen die Wand usw. Der letzte Spieler läuft mit dem Ball zum ersten Spieler und wirft von dort.

Schlagwurf - Wurfkraft

Lernziel

Ausbildung der Wurfkraft (Schnellkraft) und der Wurfkraftausdauer

Sportanlagen und Geräte

- geeignete Frei- und Hallenflächen
- Vollbälle 1-4 kp, Kugeln 2-4 kp, Rohrstücke 1-2 kp, Handbälle
- Markierer und Orientierer

Methodisch-organisatorische Hinweise

- Übungen schnellkräftig ausführen; nicht zu schwere Geräte wählen
- auf technisch richtige Ausführung achten, wie
  - Armführung überkopf, Ellbogen zeigen nach vorn
  - Körperstreckung, beide Füße behalten Bodenkontakt
- intensives Üben organisieren durch die Wahl geeigneter Aufstellungsformen, Geringhalten von Wegezeiten, Bereitstellen einer ausreichenden Anzahl von Geräten

Beid- und einarmige Würfe aus verschiedenen Ausgangsstellungen

Beidarmiger Überkopfwurf (Vollball) aus

Schlußstellung
Schrittstellung
Sitzen
Rückenlage
3-Schritt-Anlauf
zum Partner, gegen die Wand, ins Netz

Einarmiger Überkopfwurf (Vollball) aus

Schrittstellung
Schlußstellung und Schritt links
3-Schritt-Anlauf

zum Partner, gegen die Wand, ins Netz

Hinweis: bei Verwendung von Kugeln oder Rohrstücken entsprechende Sicherheitsmaßnahmen einleiten

Beidarmiges Schocken vorwärts bzw. rückwärts aus dem Grätschstand

auf Weite
in die Höhe (auch mit Auffangen)

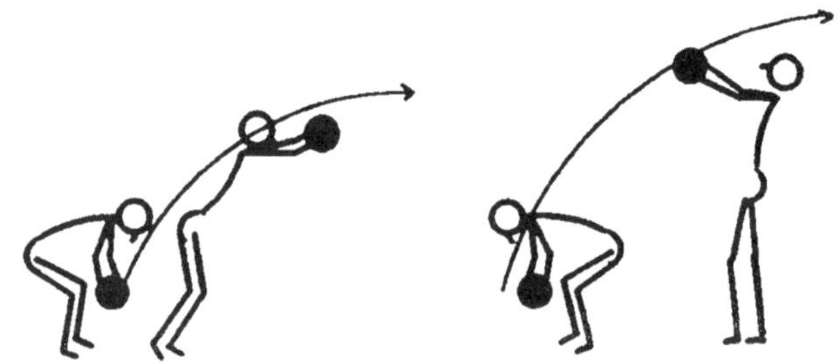

Spiel- und Wettbewerbsformen zur Wurfkraftschulung

Ball über die Schnur (Vollball)

mit beidarmigem Überkopfwurf
mit beidarmigem Schocken vorwärts

Spielgedanke: Zwei Mannschaften stehen sich in einem Volleyball-Spielfeld gegenüber. Der von der gegnerischen Mannschaft geworfene Ball ist zu fangen. Nicht gefangene Bälle führen zum Punktgewinn für die werfende Mannschaft. Es können auch mehrere Bälle gleichzeitig Verwendung finden.

Technikwettkampf

MERKMAL	gut (3)	mittel (2)	schlecht (1)
zykl. Anlauf	harmonisch	langsam	gestört
Ausholbewegung	flüssig, vollständige Armstreckung	vollständige Armstreckung	Wurfarm nicht gestreckt
Impulsschritt	raumgreifend, flach	leicht gesprungen	nicht erkennbar Nachstellhüpfer
Wurfauslage	sehr deutliche Körperrücklage	erkennbar	nicht vorhanden Paßstellung
Abwurfbeginn	mit Beinstreckung bei gestrecktem Arm	mit Beinstreckung	reine Armbewegung
Armführung	senkrecht, Ellbogen in Kopfhöhe	Ellbogen über Schulterhöhe	Ellbogen unter Schulterhöhe

Schlagwurf - Wettbewerbe

Lernziel

Anwendung des Schlagwurfes unter Wettbewerbsbedingungen

Sportanlagen und Geräte

- Geeignete Frei- und Hallenflächen, Wurfwand
- Schlag- und Tennisbälle, Speere

Methodisch-organisatorische Hinweise

- Sicherheitsmaßnahmen einleiten
- Relativwertung ermöglichen

Schlagwurf gegen die Wand

Geräte: Wand, Tennisbälle, Handbälle

Ausführung: Aufstellung vor der Wand; der Ball wird aus dem Stand, dem Angehen, dem Anlauf mit Schlagwurf kräftig gegen die Wand geworfen

Varianten:

1. Nach direktem Wurf gegen die Wand soll der Ball möglichst weit zurückprallen.
2. Nach Wurf mit Aufsetzen vor der Wand soll der Ball möglichst weit zurückprallen.
3. Partner A wirft den Ball direkt bzw. mit Aufsetzen gegen die Wand (geradlinig). Partner B fängt den zurückprallenden Ball und wirft anschließend selbst, worauf Partner A fängt usw. Wertung: Wer fängt die meisten Bälle?
4. Squash: Die Mitglieder der Mannschaft A werfen einzeln nacheinander ihre Bälle direkt oder aufgesetzt gegen die Wand. Das erfolgt geradlinig, schräg, übereck. Die Mitglieder der Mannschaft B fangen die abprallenden Bälle und werfen nach Beendigung des Durchganges selbst, worauf Mannschaft A fängt usw. Wertung: Welche Mannschaft fängt die meisten Bälle?

Zielweitwurf (Abb. 1-4)

Geräte: Freifläche, Speere

Ausführung: Speerwurf aus dem Stand, dem Angehen, dem Anlauf auf ein Ziel

Hinweis: unbedingt Sicherheitsmaßnahmen ergreifen!

Varianten:

1. Wurf auf ausgelegte Gymnastikreifen
2. Wurf auf rollenden Autoreifen
3. Zonenwerfen (z.B. Zone 2, 4, 3, 5, 1)
4. Zielweitwurf (Wer kommt einer vorgegebenen Weite am nächsten?)

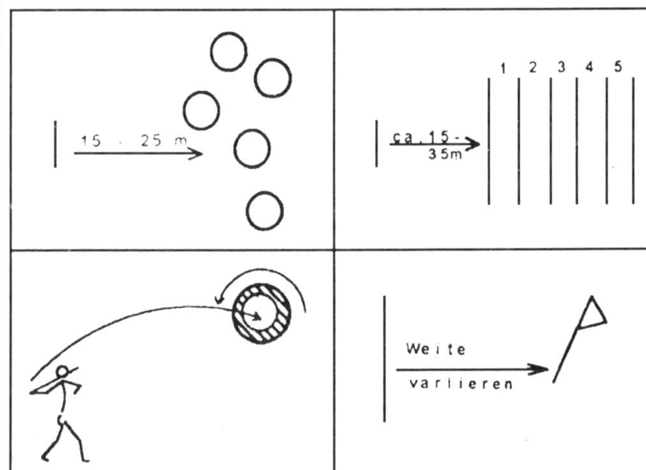

XIII. Drehwurf

Technik

Übungen

Notizen:

Drehwurf - Technik

Lernziel

Vermittlung von Grundkenntnissen zum Bewegungsablauf des einarmigen Werfens aus der Drehung; Setzen von Schwerpunkten für die technische Ausbildung

Vorbemerkungen

Drehwürfe bieten wegen des langen Beschleunigungsweges gute Möglichkeiten, weitzuwerfen, erfordern aber auch gute koordinative Voraussetzungen, um ihren räumlich-zeitlichen Verlauf und die Geschwindigkeitsübertragung auf das Gerät kontrollieren zu können. Zur Vereinfachung des Werfens aus der Drehung wird vorgeschlagen,

1. die Drehung auf eine 360°-Umdrehung zu beschränken,
2. Geräte zu verwenden, die sich gut halten lassen wie Schlaufenbälle, Wurfringe, Gymnastikstäbe, kurze Rohrstücke

Die Technikbeschreibung umfaßt die Phasen Anschwungphase, Drehung, Übergangsphase, Abwurf

Übungsreihe zur technischen Ausbildung

1. Standwurf aus ¼ Drehung - dabei Wurfauslage, weites Anpendeln, Nacheinander der Teilbewegungen in der Dreh-Streck-Bewegung, Armführung beim Abwurf, Bodenkontakt der Füße beim Abwurf beachten

2. Wurf aus ½ Drehung - Rücken zeigt in Wurfrichtung, Schrittstellung (li. Bein am weitesten zurückgestellt); nach Anpendeln Setzen des linken Beines bei Rückpendelbewegung zur Wurfauslage unter gleichzeitigem Eindrehen des re. Fußes usw.

3. Wurf aus ganzer Drehung

Methodisch-organisatorische Hinweise

- Abwurfbewegung durch seitliche Schockwürfe in Frontalstellung vorbereiten
- unbedingt Sicherheitsmaßnahmen ergreifen
  - Üben in kleinen Gruppen nacheinander
  - großer Seitenabstand (mindestens 15m)
  - kein Zurückwerfen gestatten
- große Übungsdichte durch Verkürzung von Wegezeiten (Würfe in ein Fangnetz) und Verwendung zahlreicher Wurfgeräte sichern
- u.U. auch zum Diskuswerfen übergehen

Anschwung	Drehung	Übergangsphase	Abwurf

- Aufstellung: aufrechte Schrittstellung li. vor re.; Vorderseite in Wurfrichtung - re. Hand erfaßt das Wurfgerät - Anschwung als lockeres, weites Hin- und Herpendeln des Wurfarmes senkrecht an der re. Körperseite	- Drehbeginn am Ende des (hohen) Rückpendelns des Wurfarmes - flache, weite Schrittbewegung re. mit gleichzeitigem Eindrehen des re. Fußes - Abdruck vom li. Fuß zum flachen Drehumsprung (ca. 180°) - Zurückbleiben des Wurfarmes in Hüfthöhe hinter dem Körper - aktives Bodenfassen des re. eingedrehten Fußes	- Aufsetzen des re. eingedrehten Fußes bei gebeugtem Knie u. - sofortiges Weiterdrehen des re. Fußes und schnelles Vorbeischwingen/Aufsetzen des li. Beines (Wurfauslage), dabei - Köpergewicht über dem re. Fuß lassen u. - re. Arm mit dem Gerät weit zurückhalten, - li. Arm zeigt entgegen der Wurfrichtung	- aus der Wurfauslage explosive Streck- und Schwenkbewegung der re. Körperseite um die fixierte li. Seite - deutlich nacheinander Einsatz von Fuß, Knie, Hüfte, Rumpf, Arm - re. Bein nach vorn, li. nach oben strecken - Abwurf in Schulterhöhe ohne Wegdrehen der li. Seite - beidbeinigen Bodenkontakt beibehalten

Drehwurf - Übungen

Lernziel

Ausbildung, Festigung und Anwendung der Drehwurftechnik mit unterschiedlichem Bewegungsumfang und mit verschiedenen Geräten

Sportanlagen und Geräte

- geeignete Freifläche, Wurfnetz (Fangnetz)
- Schlaufenbälle, Gummiringe, Gymnastikreifen, Gymnastikstäbe, leichte Kugeln, Rohrstücke, (Disken)

Methodisch-organisatorische Hinweise

- Verletzungsrisiken ausschließen durch entsprechende Aufstellungsformen, Sicherheitsabstände, kleine Übungsgruppen, geordnetes Zurückholen der Geräte, Würfe aus "Käfigen"
- hohe Übungsdichte sichern durch kleine Übungsgruppen, große Anzahl von Geräten, kurze Wegstrecken (Wurfnetz)
- inbesondere auf den Aufbau der Körperverwringung und das Nacheinander des Einsatzes von Fuß, Knie, Hüfte, Rumpf, Arm beim Abwurf achten

Würfe aus der ganzen Drehung

Ausführung:
- Ausgangsstellung: Schrittstellung li. vor re. mit der Brust zur Wurfrichtung
- Anpendeln des Gerätes neben der re. Körperseite (2-3 mal)
- am Ende des letzten Anpendelns Beginn des Drehumsprunges durch Abdruck li.
- Drehumsprung mit weit zurückgehaltenem re. Arm; Aufsetzen re./li. zur Wurfauslage; Weiterdrehen re.; Verwringung
- Streckschwenkbewegung und Abwurf wie vorn

Hinweis: Drehumsprung flach, impulshaft beschleunigt; li. Arm und Blick in der Wurfauslage nach rückwärts gerichtet

Würfe aus der Frontalstellung und aus der Vierteldrehung

1. Schockwürfe aus der Frontalstellung
   - mit verschiedenen Wurfgeräten
   - als Weit- und Zielwürfe
   - in Wettbewerbsform
2. Schockwürfe aus der Seitgrätschstellung
3. Standwürfe aus der Vierteldrehung

Ausführung:
- Einnehmen der Wurfauslage; Verwringung
- Anpendeln des Gerätes neben der re. Körperseite (2-3 mal); Wurfauslage beibehalten
- Streckschwenkbewegung von unten nach oben; Wurfarm weit zurückhalten
- Abwurf in Frontalstellung; Wurfarm in Schulterhöhe; Körperstreckung; beidbeiniger Bodenkontakt

Würfe aus der halben Drehung

Ausführung:
- Ausgangsstellung: Schrittstellung mit dem Rücken zur Wurfrichtung; li. Bein zurückgestellt; Körpergewicht ruht über dem re. Bein
- Anpendeln des Gerätes neben der re. Körperseite (2-3 mal)
- beim letzen Anpendeln Vorbeiführen des li. Beines am re. und Aufsetzen zur Wurfauslage am Ende des Anpendelns; Verwringung
- Streckschwenkbewegung und Abwurf wie oben

Hinweis: Während der Schrittbewegung des li. Beines bleibt das Gewicht über dem re. Bein; der Körper richtet sich nicht auf und dreht nicht in Wurfrichtung.

XIV. Mehrkämpfe

Notizen:

Zeitschätzmehrkampf

Ausführung:

Der Mehrkampf setzt sich aus 3 bis 8 Läufen über 100m bis 400m zusammen, dabei können die Laufstrecken innerhalb eines Mehrkampfes gleich oder unterschiedlich lang sein;
z.B. 6-8x100m, 4-6x150m, 4-5x200m, 3-4x300m, 2-3x400m oder 100m-200m-300m-400m-100m usw.
Zwischen den Läufen liegen Geh- oder Trabpausen von 2-5 min.
Die Schüler laufen in Leistungsgruppen (mit unterschiedlichen Belastungen).

Wertung:

a) Die Schüler schätzen die von ihnen gelaufenen Zeiten.
b) Die Schüler halten vom Lehrer vorgegebene Laufzeiten möglichst genau ein.
c) Die Schüler halten selbst gestellte Zielzeiten möglichst genau ein.
d) Kombinationen aus a) bis c)

Die Differenzen zu den tatsächlichen Laufzeiten werden addiert.
Welche Gruppe hat ihre Laufzeiten am genauesten geschätzt bzw. eingehalten?

Mehrkampf - Läufe

Lernziel

Verknüpfung ähnlicher oder verschiedener Laufwettbewerbe zu einem Gesamtwettkampf, um durch entsprechende Motivation und über gezielte Belastung einen Lernfortschritt zu erreichen

---

Sportanlagen und Geräte

- Laufbahn, Sportplatzflächen
- Wald-, Park-, Feldwege
- Markierer, Stoppuhren, (Laptop)

Methodisch-organisatorische Hinweise

- Zur zügigen Abwicklung empfiehlt es sich, die Schüler abwechselnd als Kampfrichter einzubeziehen.
- Neben einer "Absolutwertung" (Laufzeiten) sollte auch immer die "Relativwertung" eine Rolle spielen.
- Im Interesse einer schnellen Auswertung könnten einfache Computerprogramme zum Einsatz kommen.

Sprintmehrkampf

Ausführung:

Bezugsgrößen sind die Sprintstrecken 60m, 75m, 100m, (200m). Die jeweilige Sprintstrecke wird in Teilstrecken zerlegt; z.B.

60m: 3x20m, 2x30m, 20m+40m
75m: 3x25m, 20m+25m+30m
25m+50m
100m: 5x20m, 4x25m, 20m+2x40m
40m+3x20m, 40m+2x30m
20m+30m+50m, 50m+50m
40m+60m

Die jeweils erste Teilstrecke wird aus dem Tief- oder Hochstart, die anderen fliegend zurückgelegt bzw. alle Teilstrecken werden fliegend gelaufen. Die Einzelzeiten werden addiert.

Wertung:

Zeitvergleich als Einzel- oder Mannschaftswertung
Relativwertung (Wer unterbietet seine Bestzeit über 60m, 75m, 100m, 200m am deutlichsten?) als Einzel- oder Mannschaftswertung

Läufermehrkampf

Ausführung:

Der Mehrkampf setzt sich aus Läufen über kürzere und längere Strecken zusammen; z.B.
50m, 100m, 1000m, 3000m.
Wegen der hohen Belastung empfiehlt es sich, in einer Unterrichtsstunde (an einem Tag) immer nur zwei Strecken laufen zu lassen; z. B.
50m und 3000m, 100m und 1000m.
Die erzielten Laufzeiten werden auf 100m-Zeiten umgerechnet; z.B.

50m - 7,0s	=	14,0s
100m - 14,0s	=	14,0s
1000m - 3:20,0min	=	20,0s
3000m - 14:00,0min	=	28,0s.

Diese Teilzeiten werden addiert und durch die Anzahl der Laufstrecken dividiert - hier
76,0s = 19,0s

Wertung:

Zeitvergleich als Einzel- oder Mannschaftswertung
Relativwertung (Wer kommt seiner Bestzeit über 100m am nächsten?)
als Einzel- oder Mannschaftswertung

Weitwurf-Zielwurf-Mehrkampf

Ausführung:

Es wird ein Stoßwettkampf (Kugel, Medizinball) oder ein Wurfwettkampf (Ball, Speer, Diskus, Schleuderball) mit Weitenmessung oder Zonenpunktvergabe ausgetragen. Er wird mit einem Zielwerfen (Ball, Speer) über 3 bis 10 Versuche kombiniert. Als Ziele bieten sich markierte Flächen (Kreise, Quadrate) in unterschiedlichen Entfernungen und Richtungen von der Abwurfmarkierung an.

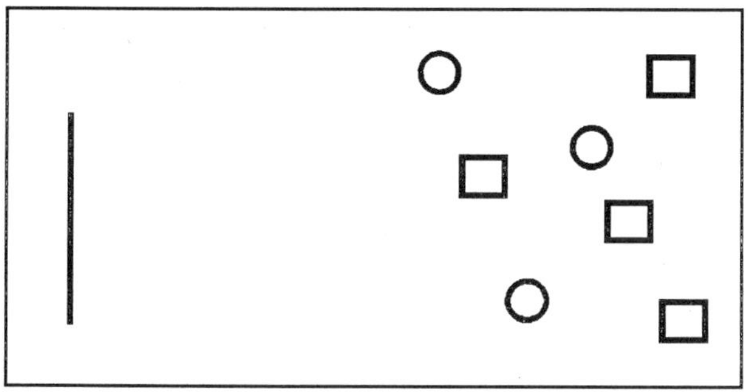

Wertung:

Die ermittelte Stoß-, Wurfleistung (Weite bzw. Zonenpunkte) wird mit der Anzahl der Treffer beim Zielwerfen multipliziert (Einzel-, Paar-, Gruppen-, Mannschaftswertung).

Mehrkampf - Würfe

Lernziel

Zusammenfassung von Wurfwettbewerben zu einem Gesamtwettkampf mit dem Ziel, über die davon ausgehende Motivation Lernfortschritte zu erreichen

Sportanlagen und Geräte

- Sportplatzflächen, Wurfanlage
- Kugeln, verschiedenartige Wurfgeräte
- Markierer, Bandmaße, (Laptop)

Methodisch-organisatorische Hinweise

- Zur zügigen Abwicklung empfiehlt es sich, die Schüler abwechselnd als Kampfrichter einzubeziehen.
- Neben einer "Absolutwertung“ (Wurfweiten) sollte auch immer die "Relativwertung" eine Rolle spielen.
- Im Interesse einer schnellen Auswertung könnten einfache Computerprogramme zum Einsatz kommen.

Stoß/Wurf-Dreikampf	**Shotathlon**
Ausführung: Die Kugel bzw. der Medizinball wird nacheinander aus dem Stand mit der rechten Hand, dann mit der linken Hand gestoßen und daran anschließend beidhändig vorwärts oder rückwärts geschockt. Für den 2. Stoß bzw. 3. Wurf wird an der Einschlagstelle des vorangehenden Stoßes Aufstellung genommen. Je nach vorhandener Fläche kann der Wettbewerb einzeln, zu Paaren, frontal in Gruppen oder im Klassenverband organisiert werden. Wertung: 1. Einzelwertung - als direkter Vergleich der erzielten Weiten bzw. als Relativwertung, wobei die erzielten Weiten als Prozentwert zur Kugelstoßbestleistung berechnet werden (zu erwarten sind Prozentpunkte um 300). 2. Mannschaftswertung (Bildung von Mannschaften mit annähernd gleicher Leistungsstärke) - als direkter Vergleich der erzielten Weiten (Addition) oder als Zonenwertung (Addition der Zonenpunkte) oder als Paarvergleich (wie viele Schüler übertreffen ihren Partner aus der anderen Mannschaft?)	Ausführung: Es wird mit Kugeln unterschiedlichen Gewichtes gestoßen (aus dem Stand oder aus der Gesamtbewegung). Mögliche Kugelgrößen: 2.00 kg 3.00 kg 4.00 kg 5.00 kg 6.25 kg 7.26 kg Wertung: 1. Direkte Wertung nach der Summe der erzielten Einzelweiten oder nach der Summe der jeweils erreichten Zonenpunkte (Einzel- oder Mannschaftsvergleich) 2. Relative Wertung, wobei die Bestleistung mit der üblichen Wettkampfkugel die Ausgangsgröße für die Umrechnung der Stoßweiten in Prozentwerte bildet (Einzel- oder Mannschaftsvergleich)

Weitsprungmehrkampf
Ausführung:
Aus verkürztem Anlauf von 5, 7, 9, 11 Schritten Länge werden je 2 Sprünge ausgeführt. Das bessere Ergebnis gelangt in die Wertung.
Wertung:
Die erzielten Weiten werden ins prozentuale Verhältnis zur Bestleistung gesetzt. Der mittlere Prozentwert ist die Bewertungsgrundlage.
Einzel- und Mannschaftswertung sind möglich.
Beispiel:

Bestleistung	- 5,00m	
5-Schritt-Anlauf	- 4,00m	= 80%
7-Schritt-Anlauf	- 4,40m	= 88%
9-Schritt-Anlauf	- 4,60m	= 92%
11-Schritt-Anlauf	- 4,80m	= 96%
Durchschnitt		= 89%

Hochsprungmehrkampf
Ausführung und Wertung vgl. oben

Dreisprungmehrkampf
Ausführung und Wertung vgl. oben

Mehrkampf - Sprünge

Lernziel
Verbindung von mehreren Sprungwettbewerben zu einem Gesamtwettkampf, um durch die davon ausgehende Motivierung Lernfortschritte zu erreichen

Sportanlagen und Geräte
- Hallen- bzw. Sportplatzfläche
- Hochsprung-, Weitsprunganlage
- Markierer, Stoppuhren, Bandmaße, (Laptop)

Methodisch-organisatorische Hinweise
- Zur zügigen Abwicklung empfiehlt es sich, die Schüler abwechselnd als Kampfrichter einzubeziehen.
- Neben einer "Absolutwertung“ (Laufzeiten) sollte auch immer eine "Relativwertung" eine Rolle spielen.
- Im Interesse einer schnellen Auswertung könnten einfache Computerprogramme zum Einsatz kommen.

Sprungdreikampf

Der Sprungdreikampf besteht aus

Einbeinsprüngen; 2x20m auf Zeit
Schlußweitsprüngen; 5 in Folge
Standflop

Ausführung:

Einbeinsprünge; 2x20m mit Zeitnahme

Die Schüler nehmen einzeln Aufstellung an der Hallenwand; sie stehen auf dem Sprungbein, das Schwungbein stützt an der Hallenwand.
Der Start erfolgt ohne Kommando. Mit Abdruck von der Wand wird die Uhr eingestoppt. Die 20m-Strecke wird auf einem Bein springend zurückgelegt. Es schließt sich ein zweiter Durchgang an.
Bei Mißglücken oder falscher Ausführung darf der Durchgang wiederholt werden.

Schlußweitsprünge als Folge von 5 Sprüngen mit Weitenmessung; 3 Versuche

Der Absprung erfolgt beidbeinig aus dem Stand hinter einer Linie. Aus der beidbeinigen Landung wird ohne Verzögerung der nächste Absprung vollzogen usw. Die Weite wird von der Absprunglinie bis zur Landestelle des 5. Sprunges (Fersen) gemessen.

Standflop; 5 Versuche

Der Absprung erfolgt beidbeinig aus dem Stand rücklings zur Hochsprunganlage. Die Schüler haben insgesamt nur fünf Versuche zur Verfügung. Die zuletzt übersprungene Höhe gelangt in die Wertung.

Wertung:

Einbeinsprünge - Addition der beiden Sprungzeiten und Differenzbildung zu 20; z.B.
Zeit 1+Zeit 2 = 5,05s+4,75s = 9,80s
20,00 - 9,80 = 10,20
Fünferschlußsprung - gemessene Weite; z.B. 10,20m
Standflop - übersprungene Höhe multipliziert mit 10; z. B. 1,02mx10 = 10,20
Gesamtwert - 10,20+10,20+10,20 = 30,60

Hinweis: Aus den mit diesem Sprungmehrkampf gewonnenen Erfahrungen geht hervor,
daß die Schüler entsprechend ihrer Leistungsfähigkeit in den drei Einzeldisziplinen jeweils annähernd gleiche Punktwerte erreichen. So gehen die Leistungen mittels der oben beschriebenen Verfahrensweise relativ gleichgewichtig in das Gesamtresultat ein.

Halbstundensechskampf: 60m, Weit, Kugel, Hoch, Speer, 1000m (männl.)/800m (weibl.)

Sportanlagen und Geräte:

- Laufbahn, Sprung- und Wurfanlagen
- Stoppuhren, Bandmaße, (Laptop)

Ausführung:

Die o.g. Disziplinen sind innerhalb von 30 min auszutragen. Der Wettkampf beginnt mit dem 60m-Sprint und endet mit der Mittelstrecke. Sonst ist die Reihenfolge der Disziplinen beliebig. Für Hochsprung sind max. 4 Sprünge zulässig, für Weit, Kugel, Speer zwei Versuche.

Hinweis:

Die Hälfte der Klasse fungiert zunächst als Kampfrichter. Alle Wettkampfstätten müssen nach dem 60m-Sprint besetzt sein.

Wertung:

1. Direkte Wertung nach der Internat. Leichtathletik-Mehrkampfwertung
2. Relativwertung durch Prozent-Vergleich der im Mehrkampf erzielten Einzelleistungen mit den persönlichen Bestleistungen

Mehrkämpfe - Gemischte

Lernziel

Zusammenfassung von leichtathletischen Wettbewerben zu einem Mehrkampf mit dem Ziel, über die davon ausgehende Motivation Lernfortschritte zu erreichen

Methodisch-organisatorische Hinweise

- Zur zügigen Abwicklung empfiehlt es sich, die Schüler abwechselnd als Kampfrichter einzubeziehen.
- Neben einer "Absolutwertung" (Wurfweiten) sollte auch immer die "Relativwertung" eine Rolle spielen.
- Im Interesse einer schnellen Auswertung könnten einfache Computerprogramme zum Einsatz kommen.

Biathlon (Laufen und Zielwerfen)

Sportanlagen und Geräte:

- Laufbahn oder Geländestrecke
- markierte "handicap"-Strecke (ca. 50m)
- Wurffläche und Ziele für das Zielwerfen (Entfernung ca. 10-25m, 3x3m oder 3m ∅)
- Wurfgeräte (ungefährliche!)

Ausführung:

Die Schüler starten nacheinander im Abstand von 30 sec., legen eine Laufstrecke von ca. 800m zurück und führen dann ein Zielwerfen durch (5 Versuche). Für jeden Fehlwurf ist nach dem Zielwerfen eine "handicap"-Runde zu laufen. Anschließend sind wiederum ca. 800m zu laufen, und es schließt sich ein zweites Zielwerfen an. Abschließend sind noch einmal ca. 800m zu laufen=800m - Werfen (+Lauf) - 800m - Werfen (+Lauf) - 800m

Hinweis:

Die Hälfte der Klasse fungiert zunächst als Kampfrichter.

Wertung:

Zeitermittlung (einschl. "handicap") - als Einzel-, Paar-, Gruppen-, Mannschaftslauf

Blitzdreikampf (60m, Weit, Kugel)

Sportanlagen und Geräte:

- Laufbahn, Weitsprunganlage, Stoßanlage
- Startblöcke, Kugeln
- Stoppuhren, Bandmaße, (Laptop)

Ausführung:

Die Schüler starten einzeln. Die einzelnen Disziplinen werden in kürzester Zeit unmittelbar nacheinander in der o.g. Reihenfolge absolviert. Die Einzelleistungen werden gemessen. Dazu erfolgt eine Zeitnahme für die Dauer des Dreikampfes - Einstoppen beim Startsignal zum 60m-Sprint, Abstoppen beim Aufschlagen der Kugel. Die Zeit geht wie ein 400m-Resultat in die Wertung des Dreikampfes ein.

Hinweis:

Die Hälfte der Klasse fungiert zunächst als Kampfrichter. Beim Weitsprung wird die effektive Weite gemessen.

Wertung: als Einzel- oder Gruppenwettkampf

1. direkte Wertung nach der Internat. Leichtathletik-Mehrkampfwertung (einschl. 400m)
2. Relativwertung durch Prozent-Vergleich der erzielten Einzelleistungen mit den persönlichen Bestleistungen (einschl. 400m)

Hinweise zur Literatur

Bauersfeld, K.-H./Schröter, G.: Grundlagen der Leichtathletik. Berlin 1995

Frey, G./Hildenbrandt, E./Kurz, D.: Laufen, Springen, Werfen. Reinbek 1984

Garbrecht, D. (Hrsg): Leichtathletik im Sportunterricht - Lehrmaterial. Potsdam 1995

Joch, W. (Hrsg): Rahmentrainingspäne für das Aufbautraining - Grundprinzipien. Aachen 1992

Lohmann, W.: Lauf, Sprung, Wurf. Berlin 1980

Murer, K. (Red.): 1003 Spiel- und Übungsformen in der Leichtathletik. Schorndorf 1994